陰山メソッド実践集

子どもの未来を広げた学校

Hideo Kageyama
陰山英男
編著

中村堂

はじめに

二〇二〇年秋、私の実践がＮＨＫのクローズアップ現代に紹介をされてちょうど二〇年経ちました。当時私は、この番組をきっかけにして、私の実践が多くの人に伝わればいいなと願っていました。多くの人や地域の幸せにつながればいいと考えていました。

しかし、現実は私の想像をはるかに超えて進み、今は見知らぬ地域の見知らぬ学校に実践が浸透し始めています。それは広がりながら各地で高度化し、そして高度になったものを多くの人が求め広がっていく、今はそうした段階を迎えているのです。

なぜそうなったか。

それは、実践が広がる中で、特に教育困難と言われている地域の子どもや、また経済的、家庭的に恵まれない家庭の子どもでもたくましく成長するという成果が生まれてきたからです。低学力のみならず、学習に障害を抱えている子どもたちも伸びていることが分かってきました。どの子も伸びるという理念が現実のものとなったのです。

「百ます計算で子どもの心は荒れる」「考える力は育たない」などと、私はずっと大きく激しい批判を受け続けてきましたが、それはついに各地の現実の姿で打ち破られています。

福岡県飯塚市で最初の実践校となった菰田小学校は、厳しい状況からわずか二年で、全国平均を上回る学力テストの結果を出しました。その理由を当時の岡松校長に聞きました。その答えは強く印象に残っています。「陰山先生がおっしゃったじゃないですか、信じる者は救われる」って。

確かに私は言いました。なぜならそこにない未来を生み出すには、ないものを信じる、という強い意志が存在しなければ実現できないからです。初めての事例の場合、それしかないのです。

しかし、遠く離れた地域の見知らぬ教師の実践を信じる、学習指導要領などの法的な後ろ盾のないものを信じるというのはどれだけ困難だったでしょう。そこにない未来を信じ、私と私の言葉を信じるということ、それは一種の宗教のようなものであったかもしれません。でもそこに力を与えてくれたのは予想と常識を打ち破る子どもたちの成長でした。この飯塚市の岡松校長の実践と、それを支える飯塚市教育委員会のチームワーク、これによって私のメソッドは新しい段階を迎えることができたのです。

新しい段階を切り拓いた新しい知恵、それはマネジメントです。当時の飯塚市の片峯教育長は、「飯塚市は陰山メソッドでやるんです」と、市内の校長先生をはじめとする管理職の前で明快に断言されました。その時の校長先生方の表情、片峯教育長の表情、それは今でも忘れることができません。あの一言で飯塚市の方向性は決まり、私もその責任から逃れられなくなりました。かつてこれほど身が引き締まったことはありませんでした。

リーダーの一言がすべてを決する、それは私の実践の中にはあまりなく、金づちで頭を打たれたような衝撃がありました。組織を預かる者は一言で全員をまとめなければならない。飯塚市の教育改革の成功は、実はメソッド以上にマネジメントの果たす役割が大きかったのです。

今回のこの本は、陰山メソッドの実践書であると同時に、学校をどう運営していくかというマネジメントがテーマです。田川市の吉柳《きりゅう》教育長とともにその実践を現場に具現化していく課長補佐の石井雄二先生、また、片峯教育長のもと実践の内実をつくっていった石井幸子先生、こうした人たちの存在というのは実践を継続していく上において決定的に重要なものでした。

また、佐賀県で地道に実践を続けてきた西郷小学校、また、校長としての責任から学校を組織として動かし始めた金尾校長、本倉校長、荻野校長、堀江校長など、こうした人たちのマネジメントには単に、子どもをどう指導するかという教育論だけでは賄いきれない重要なポイントがあります。

どんなに優れた実践であっても一年二年の個人の努力でできることはそんなに多くはありま

せん。いかに優れた教育の実践があったとしても、翌年どこにでもあるような指導になってしまうと、その効果は一年で消える方が多いということも見えてきました。

その一方、学校が組織として指導すれば一つ一つの指導がそれほど高度でなかったとしても得られる学習効果はとてつもなく大きいということがはっきりしてきました。多くの教育研究が一教師や一時間あるいは一単元の研究や考察に終わっています。でもそれではいけないのです。学校は長期間の目標を具体的に定め、着実にこなしていくことが本来あるべき姿なのです。子どもを伸ばすメソッドを、学校を組織的に動かすというマネジメントにより実現していく。この本はそうした地域全体や学校全体の指導の教科書としてまとめました。多くの方に読んでいただき、このメソッドがより効果的なものとして広がっていくことを願っています。

二〇二〇年一〇月　陰山英男

もくじ

第一章

陰山メソッドが地域を変えた

筑豊地区の取り組みを振り返り、未来を展望する

鼎談

片峯　誠（福岡県飯塚市市長）
荒木博史（元福岡県香春町教育長）
陰山英男

鼎談

鼎談者紹介

片峯　誠（福岡県飯塚市市長）
荒木博史（元福岡県香春町教育長）
陰山英男

片峯　誠（かたみね・まこと）

一九五六年福岡県飯塚市生まれ。第一薬科大学卒。一九八二年福岡県飯塚市で中学校の教諭となる。二〇〇四年中学校校長就任。二〇一〇年飯塚市教育委員会教育長に就任。二〇一七年飯塚市長に当選。

荒木博史（あらき・ひろふみ）

一九五四年福岡県香春町生まれ。中央大学卒。国家試験（司法試験、公務員試験等）予備校勤務。二〇〇四年～二〇一二年まで福岡県香春町教育長。

陰山英男（かげやま・ひでお）

最も長い期間、最も大きな規模で陰山メソッドに取り組んでいただいているのは筑豊地区（飯塚市、田川市）です。スタートして約一〇年経ちました。

今回、取り組みの中心であった、片峯誠飯塚市市長（当時、飯塚市教育委員会教育長）、荒木博史元福岡県香春町教育長とオンラインで鼎談を行いました。取り組みのきっかけ、取り組みの実際、そして今後の課題について語り合いました。話しながら、いろいろな場面が思い出されました。本当に感謝しています。

筑豊地区の実際の取り組みの内容の詳細につきましては、第二章、第三章の実践記録をお読みください。

※プロフィールは、奥付を参照。

■筑豊地区での取り組みのスタート

陰山　飯塚市、田川市での実践は、荒木さんの発案から始まりました。最初に、荒木さんからその出発点についてお話しください。

荒木　旧産炭地である筑豊地域は、教育環境、家庭環境が厳しい地域でした。そのことを背景として子どもたちの低学力問題があり、それが学校の荒れ、地域の荒れにつながっていました。私は子どもたちが教育環境、家庭環境を問わず、学力をつけることによって自分の未来を切り拓いていくことができる、そして、自信をもって自分に適した職業を選択することができるようにしてあげたいと思っていました。そのためによい学習指導方法はないかといろいろ研究しました。その中で一番筑豊に適している、また筑豊に導入したいと思ったのが陰山メソッドでした。学校、家庭、地域、そして行政を結びつける学習指導方法として、陰山メソッドによる基礎基本の徹底反復が最適であると考えたのです。陰山メソッドで子どもたちに自信をつけさせる。保護者は、読み、書き、計算が素早くでき、大きな声で古典等を暗唱する自信をつけた子どもたちを見て、我が子の成長を喜び、思わずスマイルが出てくる。教師も陰山メソッドにより、勉強で一番大事な集中することを覚え、ぐんぐん学力をつけ、規律ある生活態度を身につけた子どもたちの勉強、スポーツ、芸術などへの無限の可能性を一緒に切り拓いていく教師としてのやりがいを感じる。そのような学校を見て、地域の人たちも応援してくれる学校づくりをしたいと強く思い、陰山先生に力を貸していただくようお願いしました。これが出発点です。私は筑豊に陰山先生をお呼びする前に、既に市内の全ての小学校において陰山メソッドを取り入れ、成果を出している山口県山陽小野田市に三回視察に伺いました。江澤正思教育長（当時）に、筑豊に適した学力向上の方法を探しているとお話ししたところ、「山陽小野田市も同じように厳しい教育環境、家庭環境にあり、市全体で市内の小学校全てにおいて基礎基本の徹底反復、古典の暗唱等、陰山先生による直接のご指導を受けている」とお聞きしました。この時、私自身陰山メソッドを正確にきちんと浸透させ、短期間に学力向上の成果を上げるためには、一学校、一人の先生が頑張るだけでなく、教育長自らが先頭に立って、陰山メソッドによる我が町の五年後、一〇年後の具体的な教育ビジョンを示し、市、町全体で取り組んでいく姿勢、システムを構築していく必要性を再確認しました。と同時に、これができれば筑豊地域の子どもたちの学力は、飛躍的に伸びることを確信しました。その後、平成二四年に飯塚市の片峯誠教育長（当時）に陰山先生を紹介し、また、平成二八年には田川市の吉柳教育長にも同様に紹介し、飯塚市、田川市両市で陰山メソッドを市全体で取り組むシステムが構築され、陰山先生に学力向上アドバイザーとして来ていただくようになりました。以上が今までの経緯です。

陰山　荒木さんから、飯塚市で取り組まないかという提案をしていただき、市内のある小学校でスタートすることになりました。そのあたりの経緯を片峯さん、お話しください。

片峯　荒木さんから、「きちんと確立された指導法をもったすごい先生がいらっしゃる」と、陰山先生と陰山メソッドをご紹介いただき、直接お引き合わせいただきました。徹底反復の理論については、私も従前から存じ上げていましたし、定着度の高さという点も認識していました。ただ、直接陰山先生と会ってお話をお聞きする中で、学力向上だけではない、教育に対する奥深さを、私は感じました。陰山先生の理論を、陰山先生の教育に対する思いや方向性を、飯塚市に導入できれば、飯塚の教育も変わるのではないか、前進させられるのではないかと思いました。子どもたちが荒れ、学力も低いことなどの悩みを抱えていた学校から導入したいと陰山先生に相談しました。子どもたち一人ひとりの学力格差だけではなく、学校間の学力格差にも悩んでいました。陰山先生に、学力テストの結果のデータをそのままお見せしましたが、大変驚かれていました。市内に一九校の小学校がありますが、上位校とその学校を比べると二五ポイントの差がありました。早速、陰山先生にご指導いただき、まずは徹底反復の学習スタイルに取り組みました。すると目に見えて改善され、一年で大きな成果が出たことに、私も学校も、嬉しさと驚きの両方を感じました。

陰山　私は、このお話をいただいたとき、それまでにいろいろな学校を見てきていましたのでいつもの感じで「お願いします」とお引き受けしたのですが、数値を見た時に本当に驚きました。半分真面目に「この話、なかったことにしましょう」と、逆提案したことを覚えています。正直なところ、自信がなかったのです。ちょっと想像を超えていました。そんなスタートでしたので、一年間で大幅によくなったというのは、逆の意味でとても驚きました。

片峯　陰山先生にご指導いただく前の二年間、その学校には、スクールサポーターという、通常は中学校でしか行わない、子どもたちの生活態度や学習を落ち着かせるための市の単独加配を常時二名配置していました。それほど、授業中の態度はおぼつかず、勉強どころではない状況でしたので、一年間で、よく学びに集中できる子どもたち、そして熱心な先生たちへと変容させていただいたと、懐かしくも有り難く振り返っています。

陰山　最初に学校に行ってお話をさせてもらってから、その後成果が出たとお聞きするまで、途中経過をそれほど分かっていませんでした。教頭先生から電話をいただいて、「こんな結果になりました」と突然言われたものですから、一体何が起こったのだろうと耳を疑いました。校長先生をはじめとする、先生たちのまとまりが素晴らしかったですね。

片峯　当時、その学校では、反復学習をして学力の定着を図ろうとしていましたが、なかなか成果が出ずにいました。陰山先生から「こんなふうにやったら必ず成果が上がるよ」と、先生方を励ましていただき、先生たちも改めて準備をして、子どもたちの伸びを記録し、改善点を見つけては次の学習に生かしていくということをしてくれました。私も結果を聞いたときには、こんなことがあるのかと驚き、どうしたらよいか分からず、とりあえず先生たちに「ありがとうございました」とだけは言いたいと思いまして、年度末の修了式の日に職員室に行き、先生方一人ひとりとお話をしました。そのくらいの驚きがありました。

陰山　わざわざ教育長さんが学校に来られて、一人ひとりとお話をされたということで、多くの先生方が涙を流したという話をあとからお聞きしたのですが、そうだったのでしょうね。

片峯　あの涙は、先生方が苦労を振り返られたことと、子どもたちがこんなにも成長してくれたことへの感謝の涙だったと思います。陰山先生の理論の素晴らしさと、先生たちの子どもたちへの思いが、実を結んだのだと思います。

陰山　教育長さんが一つの学校にメソッドの導入を決断して、途中経過を気にしながら見守って、成果が出たら足を運んで慰労をされるというマネジメントが素晴らしいと思います。

片峯　奇跡に出会ったような気がしました。校長先生は、「退職前の二年間をこれにかけます」とおっしゃっていましたので、それに対する敬意でもありました。

陰山　当時、校長先生が校長室で私が話したことを一つ一つていねいにメモをとられていました。その時の表情も忘れられません。引き締まった表情というか、絶対成功させなくてはいけない、でもその経験があるわけでもない、と断崖絶壁に立ちつつも、職員をまとめて前に進もうという決意に満ちた姿勢でした。これがリーダーだな、これが校長だなと私は感じました。主幹教諭の先生もこの取り組みによって大きく変わられたという話をあとで聞きました。

片峯　そうです。彼は、本当に人のよい教員で真面目でしたが、これという軸のようなものが当時の彼にはなかったように思います。陰山メソッドの伝道者として様々なところで実践発表するようになり、彼は大きく成長していきました。

■学校マネジメントと教師の成長

陰山　教育長や校長のリーダーシップのもと、子どもの成長の陰には、教職員の成長が確かにありましたね。

片峯　その通りです。陰山メソッドは、子どもが成長するメソッドであることは言うまでもありませんが、そこには必ず子どもを成長させ続ける要因となる教員の成長があります。

陰山　その校長が退職され、何年か経ったあとで会う機会をつくっていただきました。その場で私は失礼にも「なんでこんなに頑張ったのですか」とお聞きしたら、ちょっとムッとした顔をして「だって、信じれば救われると、陰山先生は言ったじゃないですか」と言われました。藁をもすがるというか、言葉を信じる校長のすさまじさを感じました。

片峯　本当に実直な校長先生で、子どもたちの現状を放っておけないという思いがありまして、陰山先生とその理論を固く信じるという、信念のようなものをお持ちでした。

陰山　熱意とマネジメント力ですね。先ほどさらっと言われていましたが、数値をきちんととられていたというのも大きいですね。

片峯　そうですね。学校の平均はもちろんのこと、それぞれの学級の変容、そして、子どもたち一人ひとりの変容や成長の記録をきちんと取っていました。そのことが、「教師が一人ひとりの子どもを見逃さない」という、私が勝手に陰山先生のメソッドの真髄だと思っていることですが、それを感じとられていたのだと思います。データを取り、それを蓄積していったということが成功の大きな要因だったと思います。

陰山　陰山メソッドも全国で展開されることが多くなってきましたが、飯塚や田川のようにはなかなか浸透しないところもあります。その違いは、データに対する意味付け、価値付けではないかと思っています。

片峯　陰山メソッドは、徹底反復だけのように誤解されている教員や関係者の方が多いように思います。それは本当にもったいないことです。陰山メソッドは、徹底反復の次には前倒しの学習があります。そして、最終的には子どもたちに自信を深めさせるプログラムです。そうした考え方や奥深さを含んでいるということは、陰山先生の公開授業を見れば、すぐに理解できることだと私は思ってきましたし、それを楽しみながら一緒に取り組みをさせていただきました。

陰山　私自身、飯塚に来るようになる前は、あまり公開授業をしたことがありませんでした。今思うと心配しすぎだったのですが、私自身、いろいろと批判されてきた時間が長くありましたので、授業についての自己評価があまり高くなかったのです。

片峯　私は、陰山先生の飯塚市立大分《だいぶ》小学校での授業を今でも鮮明に思い出しますし、平恒《ひらつね》小学校の授業もすごかったです。戸惑って止まっている子どもを察知して、その子に必ず支援の手を差し伸べられます。そうすると、子どもの表情がみるみる変わり授業に参加するようになるのです。教員は、それを見て、陰山メソッドは、方法論でもあるけれど、一人ひとりの子どもを見ようとするメソッドであることを理解してほしいと思いますし、教室でどう教師力を発揮するかが問われているのだと、いつも思ってきました。そのように感想を言っていた教員もいましたので、私も大変嬉しく思うと共に、未来を感じました。

陰山　そう言っていただくと大変ありがたいです。最近、ようやく自分の授業にも自信をもてるようになってきました。私が筑豊に来るようになってとても有難かったのは、荒木さんが、行く学校行く学校に付き添ってくださったことです。見知らぬ地域、見知らぬ学校、見知らぬ先生ばかりの中で、しかも毎回かなりハードな条件の中で研修が続きました。それらを荒木さんがコーディネートしてくださったことが、成功の要因としてとても大きかったと思っていますし、自分の口からはなかなか言いにくい「陰山先生の本を読みなさい」と先生方に言ってくださったことも大きかったと思っています。その辺りの思いは、荒木さんご自身はどんな感じだったのでしょうか。

荒木　陰山メソッドの修得にあたっては、その本質をきちんと知ってもらいたいと言う思いが私にはありました。そのためには、陰山先生のお話を聞くだけではなく、著書をしっかり読むことによって陰山先生が伝えようとしている幹の部分を理解できると考えていました。陰山先生に研修に来ていただくときには、事前に陰山先生の本を読み込んでおく。そして、本に書かれている行間の中から伺われるものを修得するんだという意気込みをもっていただきたいと訴えました。分からないことがあれば、陰山先生が来られた時に直接質問をして、ご指導いただく。そういう姿勢でこの約一〇年間、陰山先生が筑豊に来られる際には、ほぼ毎回同行させていただいて、子どもたちの様子はもちろん、教員の研修の様子も見させていただきました。一番大事なことは、陰山メソッドの本質を先生方に理解していただくということでした。

陰山　飯塚、田川に来て、学校の廊下を歩きながら普段の授業の様子を見ると、他の地域とは全然違う授業の様子を感じるようになりました、先生たちが、一人ひとりの子どもをきちんと見ていますし、自分の立ち位置を考えて授業をしている様子を感じ取れます。お伺いするようになった当初は、そこまでは考慮されていませんでした。私自身が改善点を指摘することもありましたが、必ずしも全部言っていたわけではありません。それでもすべての学校で授業が変化していったということは、多くの先生方が私の本を読み、徹底反復とはまた違う授業技術も学びながら、考えながら授業をされているからだと感じるようになりました。先生方全体への浸透というのは、今日の成果につながる大きなポイントだったと思いますが、片峯さんが市内全体に広めようと思われたきっかけは何かありますか。

片峯　それぞれの学校でそれぞれの実践が行われていましたので、毎年何校か子どもたちの様子や学力の状況を見ながらモデル校という形で指定をし、陰山先生のお力添えをいただきながらやってきました。一年目には、指定を受けた学校が、市内上位の安定した学校を学力などの点で上回るようになりました。それで、市内の他の学校の管理職や教員の目の色が変わりました。効果があるということで、授業の発表会や交流を経て、今ではすべての学校で実践するようになりました。ある学校で成果が出ると、教員はそれを素直に認めて取り入れてくれました。強引にやる必要はなく、理想的な形で取り組みが広まっていったと思います。

陰山　当初、市内の管理職を集めた研修の場で、片峯さんが「飯塚市は、陰山メソッドで行くんです」と断言されました。私は、その言葉を打ち合わせの段階では全く聞いていなかったので、椅子からずり落ちそうになりました。一人の教師のやり方を市内で一斉にやるということは、普通の教師のメンタリティーからすれば一番嫌なことですから、多くの場合、「○○市は、陰山先生のお力を借りて新しい教育を進め…」と、ぼかして言われるのですが、ストレートに「陰山メソッドで行きます」と言われ、先生方ももう逃げられないと思ったでしょう。私自身も逃げられないと思いました。あの一言が、最大の転機だったと思っています。

片峯　これまでおこがましくて陰山先生には言ってこなかったのですが、「徹底反復でやります。飯塚方式でやります」というレベルの話ではありませんし、単発的なものでもないわけですから、「陰山メソッドでないといけない」という思いでした。陰山先生はご遠慮されて強い言葉で語られませんが、荒木さんがそれを代弁してくださり、バランスよく進めることができたと思います。私は、「陰山メソッドこそが、一人ひとりを大事にした絶対評価の極みである」と言ってよいと思っていますし、この実践に一生懸命取り組まれてきた石井幸子校長先生は、今も自分なりの工夫を加えてやり続けています（石井校長の実践については、本書155ページを参照）。石井校長は、「陰山メソッドは、一人ひとりの子どもを大事にする教育」と述べていますが、もっと多くの学校、多くの地域で陰山メソッドに取り組んでいただきたいと思っています。筑豊の地で、広い意味での結果も出せましたし、地域の教育に対する信頼も取り戻せましたので、自信をもって申し上げたいと思います。

■陰山メソッドが地域を変えた

陰山　多かった問題行動も沈静化しました。忘れられない言葉ですが、「陰山先生、取り組みを始める前に子どもたちが荒れているという話をしましたが、今、どうなったか分かりますか」と片峯さんから聞かれたときに、私は「減ったんでしょ」と答えたら、「違います。なくなりました」と言われました。これも衝撃的な言葉でした。

片峯　まさにその通りです。市内で一番心配していた小学校でも、授業中に席を立つこともなく、先生に食ってかかったり、反抗したりするようなことも全くなくなりました。そして、先生たちが一丸となって子どもたちのために取り組んでいる姿を保護者が授業参観などを通して見てくださり、学校への信頼回復をしてくれましたので、本当によい方、よい方へと相乗効果を発揮してくれました。そうした結果、問題行動の報告件数はゼロになりました。

陰山　すごい話ですね。落ち着いた地域でもゼロというのはなかなかない話です。授業を見せてもらいますと、入らせていただいた初めの頃と、今の学校の風景ががらりと変わりました。街の空気感もすごく変わりましたよね。とても明るくなったと感じます。

片峯　市内には大学が三つあります。そこの学部長さんや学長さんたちと定期的に懇談をします。教育長になったばかりの頃、その場で「もうちょっと義務教育の学力が高ければ、うちの職員も飯塚に住んでくれるのですが、この状況なので残念ながら福岡の方から通っています」と言われました。市内の総合病院の経営者からも同じことを言われました。辛いような悔しいような思いからのスタートでした。その後、年々結果が出て、学力テストの結果も全国平均点を超えるようになり、さらに子どもたちの問題行動がなくなってきました。そうしたデータは、オープンにしていますので、皆さんに伝わって、「飯塚変わったよね」と言われるように少しずつ変化し、大学や病院の職員の方も飯塚に住んでくれるように変わりました。街の風景がハード的に立派になっているだけでなく、人材面やソフト面でも街が変わってきているというのが現実です。

陰山　子育て世代も飯塚に住むようになってきていると聞いています。

片峯　先生、よくご存知ですね。飯塚市の出生率は全国平均より高く、平成二九年は一・七五です。二を切っていますから子どもの数は減るはずですが、学力が向上し、子どもたちの落ち着きが出始めた頃から児童生徒数の減少に歯止めがかかりました。そして、子育て世代が他の市や町から引っ越してきてくれるようになり、出生率の減少をカバーしてくれるという流れさえでき始めています。

陰山　荒木さんも空気の変化は感じられていますか。

荒木　陰山メソッドで、教育が変わっていくことで地域が変わっていく。これは、当時、片峯さんとよく話していたことです。教育が変わって、子どもたちが変わっていく、子どもたちが自信をもつことによって、家庭が変わっていく。家庭が変わることで地域が変わっていく。そんな地域づくりをしたいですよねと、ランチを食べながら片峯さんとよくお話ししたことを覚えています。今、飯塚、田川は変わってきています。これは、陰山メソッドに取り組んだ結果です。飯塚に若い世代が定住するようになってきています。そういう現象を周りの地域からはうらやましく見られています。これが、陰山メソッドでもたらされた一番大きな成果ではないかと思っています。陰山メソッドは、子どもだけでなく、大人にも地域にも夢と希望を与える。そういう本質をもっています。学校現場の一人ひとりの教師が、そのことを理解し地域の中の学校づくりをしていく、それをまた教育委員会や行政が応援していく。これができれば、陰山メソッドはもっともっと広がっていくと思います。

陰山　オンライン英会話とかPepperくん（ソフトバンクの人型ロボット）に代表されるＩＣＴ機器の導入も積極的に進められ、周囲の先生が飯塚に来られるようになったきっかけにもなっています。私は、飯塚に限らずこれらのものをいくつかの自治体に推薦をしていますが、片峯さんは「はい、即やります」と返事をされました。ほかでは判断をなかなかしていただけないか、断られるかがほとんどです。開放的で前向きな姿勢をすごいなと思っています。

片峯　そういう提案をされた時、私は「なぜ陰山先生が推奨されているのだろう」と考えます。「おそらくこういうことだろう」と陰山先生が提案される理由を自分の頭の中で組み立てるのです。例えば、オンライン英会話の場合は、「これは、陰山メソッドと同じ理屈だ」と理解しました。「子どもたち一人ひとりが外国人の先生とマンツーマンで向き合う方法は、陰山メソッドと同じだ。こんな個別化を大事にした教育は、教師の力だけでできるだろうか。先生たちに大きすぎる負担をさせることになってしまう。この方法を導入することで、先生たちもトレーニングができるし、子どもたち一人ひとりを大事することができる」と考え、何とか実現したいと考えました。

陰山　教育をよくするために取り組むというのは当たり前のことですが、片峯さんは、教員の負担のこともこと細かに配慮されていました。新しいものを導入するというと現場は嫌がるものですが、働き方の点にまで配慮された上での提案ですから、教員の方が前のめりになって取り組みを進めていったのかなと思います。Pepperくんの導入の際に説明会がもたれ、一通りの説明が終わったあと、一部の教員が残って自主研修のようなことをワイワイとやっていました。それを見た主催者の方が、こうした様子を見るのは飯塚が初めてだと言っていました。私は、教育の働き方改革は、ICT機器を導入することに対しても前向きな構えがありました。

教育の構えの改革のことだと思っていますが、今話題になっているのは、労働時間短縮のことばかりでとても気がかりです。

片峯　やはり、教育が地域を変えるのですね。Pepperくんを導入した学校には、授業公開を義務づけました。そうすると「えっ、こんな田舎に人型ロボットが来るの」「子どもたちが、ロボットで何かやろうとしているの」となって、大人も変わらざるを得ないのです。地域の方のモチベーションも上がります。

陰山　飯塚では、Pepperくんが各学校に六台から九台導入されています。その話を他の地域ですると、一様に驚かれます。多くは、市で六台とかいうレベルですから。やる気のある教育委員会や学校に対しては、企業や地域も支援をしたくなるということですね。そういう開放的な教育委員会や学校の構えが、これからの改革の肝だと改めて思います。自分たちだけで、自分たちの評価を気にしているということでしたら、どうしても内向きの評価になっていってしまいますから。

片峯　私は、市長になってからすぐに、手元に情報推進部署を置きました。官民連携という専門部局も創りまして、役所の中だけで完結しない、地域だけで完結しない、民間の知恵や力と私たちがコラボレーションしながら、未来を切り拓くという取り組みを現在進めています。教育界で学ばせていただいたことが財産になっています。

陰山　全国的な動向にも気を払われていますね。私が飯塚に来た際にいつも泊まるホテルで朝食を食べていて気がついたのですが、明らかに客層が変わりました。いかにも東京から来たという雰囲気の人が、その場で仕事の話をしていますから。

片峯　さすが先生、チェックされていますね。

陰山　チェックする以前に、敏感に感じる大きな変化です。

片峯　この二年間で飯塚に関東のＩＴ企業のサテライトオフィスを七つ誘致できました。その方々が、飯塚で九州のミーティングを開いているのだと思います。

■ウィズコロナの時代に考える今後の教育

陰山　今後の課題ですが、コロナの時代になって、「徹底反復で学力向上」という立場から、さらにもう二段階くらいジャンプアップしなくてはいけないと思っています。「集中速習」で授業の高速化に取り組んでいますが、それを実現するためには学習のイノベーションが必要になってきています。行政のお立場から、学校の今後について考えられていることはありますか。

片峯　この時期は、教育とは一体何なのかということを問い直すよい機会だということを、飯塚市の教育長と話しています。具体的に言いますと、陰山メソッドとは何か、徹底反復だけではなく、その根底にどういう教育理念があるのか。「一人の子どもも見逃さない」とするならば、オンライン学習をどんな形に創っていけるのか、それで不足するものは何なのかというようなことをこだわりをもって考えていこうということです。また、学習のスピード化や効率化については、現場は学ばなくてはいけない内容が増え過ぎていますので、学習の効率化を図ることで子どもたちが何かのテーマをじっくり取り組んで、創造的、論理的に考えることができるような時間の確保につなげていく。そんな支援も教育委員会には必要だと思っています。

陰山　ここまでは順調すぎるほどにうまくいったと思っていますが、自分自身の反省として、学力向上は一体何のためだったのかという捉え直しが必要だと考えています。最初は、子どもたちのマイナスの状態をゼロまたはプラスにしていくということでよかったのですが、こうして得られた子どもたちの力を、子どもたちだけと言わずに、地域に対してどういう形で生かしていくのかということを問うことが必要になってきていると思うのですが、荒木さんはそんなことを感じませんか。

荒木　私が今一番考えていることは、陰山メソッドの継続と検証です。陰山メソッドを一〇年間やってきました。義務教育の九年間、小学校一年生から陰山メソッドで学んできた子どもたちが、その先をどう見据えられるか。陰山メソッドで学んできた中で、学校や本人が考えてきたことを検証していくことがこれから必要だと思います。これからの職業選択の段階や、自分の将来に陰山メソッドがどう関わりをもたらしていくのか。これからの飯塚の未来を描く一つの絵図になるのではないかと思っています。陰山メソッドは、筑豊にとって本当に救いの神でした。学力や問題行動で悩む学校を救ってくれました。子どもと同時に保護者にも輝ける未来を提示していただきました。飯塚市のこの一〇年間の検証をこの先の五年後、一〇年後にどのように結びつけていくか、今後の大きな課題だと考えています。

陰山　こうやって育った子どもたちが実社会中でどのように活躍してほしいかは、子どもたちの個の目標から、地域の目標へと変わっていかなくてはならない段階になってきているように思います。

片峯　飯塚市は、本年度から「教育から人材育成へ」とスローガンを掲げました。市内の小学校、中学校、公私立の高等学校の校長、三大学の責任者が一堂に会して、飯塚市の小中高大の人材育成をどう図るかというテーマを設けて、協議を始めたところです。また、基礎学力や社会習慣に関することの定着なくして未来はないとの立場から、これらを形成していくことができるのが陰山メソッドだと考えています。子どもたちの自己肯定感、自分は可能性をもっていて、自分がいろいろなことができるのではないかという意識がすごく上がりました。これを未来につなげて、最終的にどうするかを決めるのは子ども自身です。飯塚市では、本物志向、未来志向ということで、本物の芸術やスポーツ、生き方に出会わせるプログラムを組み、予算化してすべての学校で実施しています。中学生の海外研修事業を設けたり、外国人の方が学校を訪れることで異文化を学んだりしています。今後、子どもたちに次の時代の仕事や働き方を提案できるようなスタジアムを創る準備を進めています。陰山メソッドで培った自己肯定感を、さらに未来につなげるその支援を、私たち大人や行政、学校の先生がどうするか。次はそのステージを迎えますので、陰山先生には、またお力添えをいただきたいと思っています。

荒木　飯塚市が陰山メソッドと共に成長し、地方都市の未来像をこのメソッドによって描いていってほしいと思います。

陰山　現在、教職員の若返りが急速に進んでいますので、若い先生にとっては陰山メソッドが標準になってきています。今後五年間この取り組みが継続すれば、これまでの一〇年間で代替わりした先生たちがこの先の一〇年間の中核になっていきますので、教育文化が時代を超えた普遍性をもつことになります。あと五年頑張れば、ここから先の一〇年間は自然に展開していくのではないかと感じています。その意味で、若い先生方をたゆまずに伸ばしていくことが、飯塚の今後の発展のための課題だと強く思い始めました。その人たちに、よりスムーズに本物の指導力をもってもらえば、いよいよ盤石な体制ができると思っています。また、これまでときどき言われてきた「地域が貧しいから学力が低いのは仕方ない」みたいな考え方だけは払拭していかなければいけないと強く思っています。全国的には、平成二五年から子どもたちの問題行動が増え続けているわけですが、それに反比例するかのように筑豊の教育は改善されてきています。そういう点では、コロナ禍の中にあっても伸び続ける筑豊であってほしいと思っています。そのために、最優先地域として、筑豊地区には今後も積極的に関わっていきたいと思います。

片峯　先日、教育長と話したことですが、飯塚市では、陰山先生からご指導いただいたおかげで、その方法論に基づいて多くの教職員が実践できるようになっています。ただ、陰山先生の言葉を借りれば、まだ本物の指導力には至っていません。陰山メソッドがなぜ必要なのか、それが子どもたちにどんな効果となって現れるのか、教育の根底に必要なものは何なのか、そうしたことを全部含めた本物の指導力を身につけなくてはいけないのです。そのためには、もう方法が分かったからよい、ではなくて、陰山先生に直接指導していただく機会を継続してつくって本物の教師を育てていかなければならないと考えています。

陰山　今日は、過去から現在、そして未来へと、話がつながっていきました。自分自身も、さらにバージョンアップしていくことが必要だと思っています。これからも頑張ります。

第二章

「集中速習授業」の考え方とその実際

新潟県糸魚川市立大和川小学校で行った授業をもとに

（二〇二〇年九月二八日）

陰山英男

一　「集中速習」とは何か？

私は、「学校を変える15分　常識を破れば子どもは伸びる」（中村堂／二〇二〇年三月）の中で、「集中速習」という考え方を発表しました。私は、それまでこうしたことを人に言うことをしてきませんでした。数時間分の授業を一時間で終わらせるというのは、雑な授業を意図していると誤解され、あらぬ批判を浴びることを恐れたためです。

ところが、福岡県田川市での授業改善のミーティングの途中、「基礎学力が高まってきた子どもたちに対してどう指導したらいいか」ということが話題になり、その場で私が「何時間分もの内容を一時間で終えていた」と話したことがきっかけで、集中速習の授業を披露することになったのです。

「集中速習」の考え方のポイントをまとめた中心部分を引用します。

> 徹底反復の学習が効果が定着してくると、子どもたちの学習は日を追って加速度を上げていきます。算数でも、結構難しい問題をヒントも与えず出題するだけで、多くの子があっという間に解いてしまう、こちらが解説するまでもなく子どもたちが自分たちで学習していくということが普通になっていったのです。

こうした経験を積み重ねるうち、私は思い切って二時間分とか一週間分とかという授業を一時間でやってしまうということにチャレンジするようになりました。（中略）

やり方は極めて単純で、あれこれ導入をやっていると時間が無駄に過ぎますから、簡単な課題のあと、子どもたちに課題となっている例題を与え、自力で解いていかせました。

もちろんこれは、百ます計算で十分に指導されているからこそのことです。それでも、自力で解けない子たちはいるので、「自分で解けない子は前に出ておいで」と教卓に子どもたちを集め、自力でやっている子どもたちには聞こえないように、小さな声でやり取りをしながら指導をしていきました。そして、同じ説明を何度も繰り返します。なぜかというと、こうした子どもたちは聞く構えが育っていないので、聞き取れないというより、分かろうとする意識がはたらいていないのです。

ですから、その意識が芽生えるまで同じ説明を二度三度と繰り返すのです。同じ説明を同じように繰り返し、分かった段階で自分の机に帰り解いていく、これが私の算数指導の基本的なパターンでした。簡単でも意味があります。子どもたちはまず、自分が分かっていないことを自覚し、前に出てこなければいけません。出てこない子は分かったものとされますから、後から必ず、説明を求められることになります。ですから自分が分かっているか分かっていないかを明確に判断することが重要です。

分かっているか分かっていないかを明確にしないことが、指導を難しくするのです。

それを自覚させることにより、三時間分の三つの課題を淡々とこなすことができます。

そして、最後に子どもたちにこう指示します。「今日やった問題は、教科書のどこからどこまでかを確かめてごらん」。そうすると三時間分が一気に進んでいることに気づき、「すげー」と声を上げます。「もう三日分終わったよ、みんなよく頑張ったね」と言うことで子どもたちは自信をもってくれるようになり、こんなふうにやっていいんだと、自分も進めることができると思うようになるのです。

「集中速習」の授業は、徹底反復によって学力の基礎が確実なものとしてできあがっていることが前提です。「集中速習」に入っていくための徹底反復学習のめやすはつぎのようなものです。

◉徹底反復学習のめやす

一、百ます計算二分以内を早期に達成する

↓一年生は年度末まで。中学年は一分半以内

↓高学年は百割五分から二分以内

二、「全漢字練習（日本標準）」「〇年生の漢字（小学館）」を活用し、漢字は早期に前倒しし、徹底反復で定着率九割にする

三、音読教材を学校で整備し、暗唱させる

四、宿題を効率的なものにし、単元テストの平均を九〇点以上にし、それを維持する

◆授業を高速化して進める。集中速習へ

では、「集中速習」の授業を具体的に説明します。

最初に、その標準的な進め方と指導のポイントを示します。

◉「集中速習」授業の進め方

一、授業の冒頭から単元または本時の最終問題を取り組ませる

↓ノーヒントでやらせる

二、最終問題につながる課題をやらせる

↓こぼれている児童の個別指導をし調整する

三、課題について話し合わせ発表させる

↓話をする相手は自由に選ばせる

四、まとめをする

♣「集中速習」授業の指導のポイント

・最初から最終問題をさせる

一、子どもを本気にさせる

↓最初から解く子どもの増加（吹きこぼれ対策）

二、つまずきの焦点化

↓全体指導の中での個別指導（低学力）克服

三、児童間の交流の促進

↓意外な子どもの活躍の促進（対話促進）

四、予習の日常化

↓いきなり最終問題から始まるので予習が促進される

二 「集中速習授業」の実際

集中速習授業の実際として、私が二〇二〇年九月二八日に新潟県糸魚川市立大和川小学校で行った授業をもとに解説します。

新潟県糸魚川市立大和川小学校

　ここで行ったのは、五年生算数「倍数と約数」の授業です。教科書会社が作成した指導案を見ると、全体で一一時間の構成になっており、導入とまとめ的な時間を除いて八時間の授業案が示されています。単元の知識・技能の観点での目標は次のように示されています。

「偶数と奇数、倍数・公倍数・最小公倍数や、約数・公約数・最大公約数の意味と求め方を理解し、倍数・公倍数・最小公倍数、約数・公約数・最大公約数を求めることができる」

　私は、この内容を一時間の中でやり切るという無謀な計画を立てて授業に臨みました。

この一時間の授業の目標を次のことの意味が分かり、言えるようになることと定めました。

> 公倍数は、最小公倍数の倍数である。
> 公約数は、最大公約数の約数である。

先述の授業の進め方と指導のポイントをもとに、この日の授業をどのように進めたかを紹介します。

一、授業の冒頭から単元または本時の最終問題を取り組ませる

→ノーヒントでやらせる

用意した「最終問題」は、次の二問です。

> 1．たて5㎝よこ6㎝の長方形をしきつめ、正方形をつくります。
> ①いちばん小さい正方形の1辺の長さはいくらですか。
> ②2ばんめ3ばんめの正方形の1辺の長さはいくらですか。
>
> 2．たて12㎝よこ18㎝の長方形があります。
> 　これをたてとよこ、同じ長さで切ります。
> ①何㎝で切ると正方形になりますか。
> ②その中でいちばん大きい正方形の1辺は何㎝ですか。

これは、教科書では「倍数と公倍数　合計五時間」のうち、五時間目と、「約数と公約数　合計三時間」のうち、三時間目に示されている問題です。文字通り、授業の冒頭に単元の最終問題を示しました。

分からない子にはさらに説明を加える。

問題内容を正確に理解させるため、まず、ノートに書かせました。授業は体育館で行われましたので、後ろの席の児童には見えにくいことも考慮して、私がゆっくりと何度か読み上げて、ノートに書くようにしました。

二、最終問題につながる課題をやらせる

↓理解が不十分な児童の個別指導をし調整する

「書けたら鉛筆を置きましょう」と指示しました。

私は、こうした方法で、子どもたち一人ひとりの状態を正確に把握します。

そして、全員が書き終わったところで、

「この問題文の意味は分かりますか。分かる人は手

分かるまで何度も説明する。

を挙げて。はい。分からない人は手を挙げて」

と、分かっているか分からないかの理解の状況をはっきりさせます。これは授業を進める教師にとっても大事なことですが、学習者の子どもたちにとっても、自身の理解度と学びの道筋を自覚させる意味で重要なことです。

「はい。分からない人は黒板の前に出てきてください」

と問題文の意味をていねいに説明します。

そして、

「分かった人は自分の席で答えを考えてください。分からない人は、自分の席で立っていてください」

と二度めの確認をすると、二人の子が立っていました。私はもう一度、黒板の前に呼び寄せ、さらに説明を加えました。二人は納得した様子で、席に戻りました。

問題文の意味は分かったとしても、実際は、まだ答えを求められない子が少なくない様子でしたので、答えを書けないでいる子をさらに黒板の前に呼び寄せ説明を重ねました。

　こうしたやり取りが、「理解が不十分な児童の個別指導をし調整する」ということです。

　全員が答えを書けたところで、なぜそうなったかを前に出て説明するように求めました。そこである男の子が頑張って説明してくれましたが、やや不十分な内容でしたので、「では今から三分間話し合いましょう。誰と話しても構いません」と、話し合いの中で考えを整理し、深め合うことを求めました。

三、課題について話し合わせ発表させる

→話をする相手は自由に選ばせる

　話をする相手は、自由に選ばせます。初めは隣の席の子や仲のよい友達と話をする子が多いでしょう。それで構いません。話し合うことの楽しさを知ってもらうことが最初の段階では重要ですので、話し合いのハードルをなるべく低くしてあげるのです。

　話し合いを重ねる中で、その楽しさを実感した子どもたちは、誰とでも自由な話し合いができるようになっていきます。

　また、話し合いを始める際に「三分間、話し合いましょう」と話し合いの時間を明示しています。学びの中で時間を意識させることはとても大切です。このことは、学びの速度にも直結

していきます。

四、　まとめをする

話し合いの途中、考えがまとまったグループから順に黒板の前で個別に説明をしてもらいました。

私は授業の中で参観者に向かって「分かっているけど説明ができない。この練習はさせてあげないと」と語りかけています。話し合いをしたあと、そのままにしないで発表させることが大切です。頭の中で考えたことを言葉にして相手に伝えられるようになるには、トレーニングが必要です。教師は、そのための場を設定し、その経験を積むことで理解を深め、言語化させ、学力として完全に定着させていくのです。

そして、最後に教師がここまでのまとめをします。私は次のようにまとめました。

「6㎝を横に敷き詰めていくと、6㎝ずつ、つまり6の2倍、3倍と増えていきます。そして、5倍した時に30㎝になります。縦は、5㎝ずつ増えていきます。6倍した時に30㎝になります。この時に横も30㎝、縦も30㎝の正方形になります」

その後、「一番小さい正方形は30㎝。2番めに小さい正方形の1辺の長さはいくらですか」と問いました。

「分からない人は前に出てきてください」と呼びかけると、分からないという理由で前に出てくることに対する抵抗が少なくなってきたのでしょう。一五人ほどの子どもたちが前に出てきて、さらなる説明を求めました。

結果、２番め、３番めに小さい正方形の１辺の長さについて、全員が答えられるようになりました。

ここまでのまとめとして、私は板書をもとに説明しました。

> ①倍数　　　ある数を何倍かしたもの
> ②公倍数　　２つ以上の数の共通の倍数
> ③最小公倍数　公倍数の最小のもの
>
> □は、□の□である。

この時間の前半の目標の内容を、穴を開けた文にしておきます。五年生の算数の中では内容的に難しい単元で、三〇分かけないでここまできていますので、すぐには正しく言えませんでしたが、全員で「公倍数は、最小公倍数の倍数である」と大きな声で言えるようになるまでていねいに説明を加えました。

授業のめあてに全員が到達した。

その後、二つめの問題に移り、基本的には一つ目の問題と同じ流れで話し合いを挟みながら学習を進めました。

二つめの問題のまとめとして、次のように板書をしました。

①約数　　　　ある数をわり切れる数
②公約数　　　２つ以上の数の共通の約数
③最大公約数　公約数の最大のもの
［　　　］は、［　　　］の［　　　］である。

前半と同様にまとめの説明をしたあと、穴の開いた部分に適切な言葉を入れて読むように促すと、ほとんどの子どもたちが一度で大きな声で正しく「公約数は、最大公約数の約数である」と言うことができました。これには、私も驚きました。子どもを本気にさせ、つまずきの焦点化をして個別指導をていねいに行い、児童間の交流の促進で全体を高めていく「集中速習」の指導のポイントが再確認できたと思いました。

授業の最後に私は次のように子どもたちに伝えました。

「今日、君たちにやってもらったのは、教科書134ページと135ページの問題です。皆さんは、もうここまでの学習を終えたということです。ということは、これ以前のページは、自分の力でできるはずです。そうすると勉強時間が少なくてすみますので、残りの時間は遊ぶことができます。こんなふうにして、最も重要なところを精一杯考えて、自分の考えを書いていきました。いきなりで難しかったかもしれないけれど、この問題の中には、ここでの勉強の大事なことが全部入っていますから、前のページは自分の力で進めていってください」

これが、私の「集中速習」の授業のすすめ方です。

■授業の原則

この集中速習の授業の中で、私は、子どもたちに対して学ぶ際の基本的な姿勢、学習規律ともいうべきことについて、何点か指導をしています。

集中速習のために、徹底反復によって学力の基礎が確実なものとしてできあがっていることが前提だと申し上げましたが、全国の学校を回って授業をした時に、子どもたちの授業に対する基本的な姿勢に不十分さを感じることが少なくないのが、正直な思いです。

当然それは、教師の責任として問われなくてはいけないことでもあるのです。

そんな思いをもって、整理します。

①一人ひとりの子どもたちが本当に分かっているかどうかを明確にする。
↓授業の基本は、「一人も分からないまま置いていくわけにはいかない」という教師の覚悟である。

↓そのための簡単なしかけを授業の中で用いる。分かったか、分からないかを必ず意思表示させる。

↓個別指導をていねいにする。
②分からないことは恥ずかしいことではないことを子どもたちに伝える。
↓「分からない」と言える空気を教室の中につくることが教師の責任である。
③素早く動くことを大切にする。子どもたちに常にそれを求める。
↓動きのない一方通行の授業に慣れてしまった子どもたちの動きは遅い。

↓遅い動きは「時間はみんなのものだ」ということを阻害する行為である。
④学校は、みんなで学ぶところだということを体験的に分からせる。
↓誰とでも話し合う場面を授業の中で何度もつくる。

↓教室の中に動きをつくる。

机間巡視、少人数の話し合い、班で発表、黒板の前に集まる。

①一人ひとりの子どもたちが本当に分かっているかどうかを明確にする。

多くの授業は、教師と分かっている一部の子どもだけで進められています。

「教師が発問し、分かった子どもが挙手をし、教師がその中の何人かを指名し、何人かの子どもが発言する」、この繰り返しで授業は進められ、分からない子は置き去りにされていく。そんな授業になっていないでしょうか？

私は、この授業の中で子どもたちに、

「一人も置いていくわけにはいかない」

と強いメッセージを発しています。

そして、「分かった人、分からない人」と挙手を求めて、そのことを明確にしようとしました。

しかしながら　子どもたちは、分かった、分からないということを日常的に意識していないので（このこと自体がとてもおかしなことなのですが）、クラスの半分近くが、どちらにも手を挙げないという状態を生み出してしまっているのです。

②分からないことは恥ずかしいことではないことを子どもたちに伝える。

①のような状態は、実は、「分からない」と自ら口にすることを恥ずかしいと思う気持ちが大きくはたらいています。

これは大人社会にも共通することですが、「○か×か」の正解主義の中にずっといると、正しい答えだけが価値あるものになってしまい、途中の考える段階に目が向けられなくなってしまうのです。子どもたちは教師から絶えず正解を求められる息苦しさを感じ、「先生が求めている『正解』って何だろう」といつも不安な気持ちでいるのではないでしょうか。

学びの過程においては、「分からないことを自分で認識できること」が何よりも大切です。

私は授業の中で、

「『分からない』と言って黒板の前に残った方が得だったよね」

と言って、分かるまで考えることのことの大切さと、

「分かるまで、先生は何度でも説明するよ」

という教師の基本的な構えを示しました。

そうした中、授業の中盤にさしかかった頃、一人の女子が、

「分からない」

とはっきりと私に伝えました。私はすかさず、

「素晴らしい。必ず分かるようになるから」

　と言い、さらに詳しく説明を加えました。すると突然その子は、

「分かった！」

　と言い、私は、

「分かるやん。賢いな」

　とほめると、子どもから、

「やった！」

　という素直な喜びの言葉が発せられました。

「分からない」と言ってくれたらしめたものです。そのためにも、教師は、子どもたちが不安なく「分からない」と意思表示をし、声に出して言える環境を用意することがとても大切なのです。

③素早く動くことを大切にする。子どもたちに常にそれを求める。

　私は、授業の中で、なかなか黒板の前に集まってくることができない子どもたちに対し、次のように言いました。

「さっと前に出てきなさい。ゆっくり行かない。時間は共有物です。集まるときにはさっさと

集まる。いいですか」

私は、常々「勉強とは集中する練習である」と言ってきました。集中には、切り替えるときの速さや、行動自体の速さを含んでいます。多くの教室ではスピードに関することが指導されていません。だらだらとした空気の中での学びは、集中する練習とは対極のものです。

私は、この授業の中で二〇回程度「さっさと」「さっと」「速く」「急いで」と言っています。繰り返し伝える、授業の半ばから子どもたちが素早く動くことができるようになってきたところで、

「いいね。走って来るようになったね」

とほめました。

遅いことを嘆いても何も変わりません。素早く動くこと、素早く切り替えることの大切さを繰り返し指導し、それを実現していくのです。

私はそのことを重視しています。

④学校は、みんなで学ぶところだということを体験的に分からせる。

授業の中では、誰と話し合うかは指定しないで、話し合って考えを深める時間を何回かつくりました。また、そのグループで話し合ったことを前で発表する場面では、

「代表だけでなく、ご一行様前に出てきて」

と、発表する子だけでなく、グループの子ども全員が前に出てくるように指示をしています。

「勉強は友達と共にするから分かって楽しい」という感覚を身につけてほしいと思います。それが、学校や教室の意義だと私は考えています。

教師と分かる子だけの一方通行的な授業からの脱却が求められています。

第三章

地域で取り組む陰山メソッド

一　福岡県田川市の奇跡

福岡県田川市教育委員会学校教育課　課長補佐　石井　雄二

一　田川市内小学校の日常

市内九校の小学生を集めたイベント中での子どもたちの何気ない会話です。

「〇〇君、百ます何分?」

「一分五〇秒。〇〇君は?」

「俺、この前、一分二三秒やったばい」

「へーっ、やるやん」

田川市が、朝の学習に陰山メソッドを取り入れて、五年が経過しようとしています。

田川市内の全小学校（九校）では、朝八時三〇分を過ぎると、学校中に一斉音読する声が響きわたり、やがて百ます計算や漢字練習を行う鉛筆の音だけが響く時間が一五分間続きます。

これが、市内小学校の当たり前の光景になっています。

それ以前の様子とは、比べようがないこの光景。かつての田川市の様子を知る教育委員さんは、「陰山メソッドを取り入れたことで、明らかに学力が向上していることが子どもたちの姿から見て取れる」と、驚きとともに田川市の現状を評価されています。

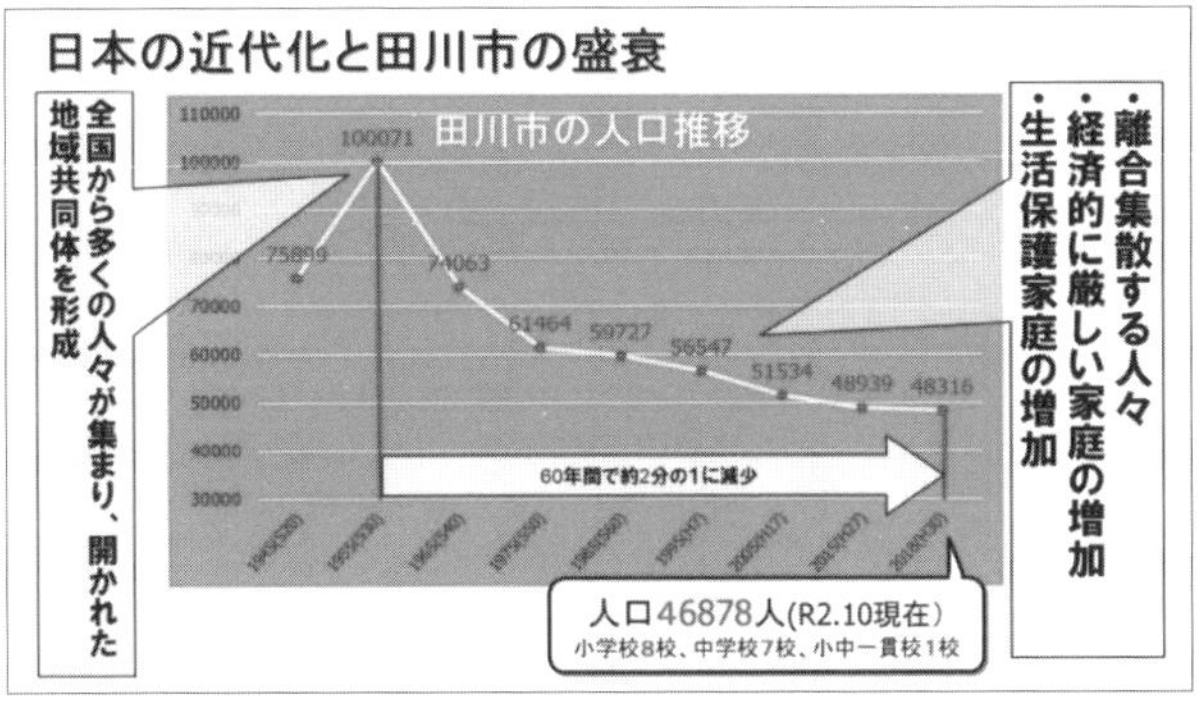

●日本の近代化と田川の盛衰

田川市を含む筑豊炭田と呼ばれる一帯は、かつて石炭産業で栄え、全国から多くの人々が働き手として集まり、最盛期の昭和三〇年の人口は、一〇万人を突破していました。全国各地から集まった人々は、地元住民とともに、文字通り体を張って石炭（黒ダイヤ）を掘り出し、我が国の産業革命と戦後の復興を地の底から支えてきました。そして、それぞれの夢や文化を融合させ、人情豊かでパワフルな地域共同体を形成していきました。

しかしながら、時代の流れには逆らえず、その後の国のエネルギー政策の転換により、石炭産業という経済的基盤を失った地域共同体は、離合集散を繰り返し、次第に元気を失っていきました。経済的に厳しい家庭の増加、生活保護家庭の増加、地域のつながりの弱体化など、子どもたちを取り巻く環境は厳しさを増していきました。活気と人情が売りであった田川市は、いつの間にか「暗い」「旧産炭地」という負のイメージで語られようになっていきました。

●日本一熱い教育長

そうした状況を何とか打破しようと、学校では教員が必死になって厳しい環境下にある子どもたちの学力保障や生活改善のため、日々奔走しました。その結果、学校に元気に通う子どもの姿が多くみられるようになりました。一方で、教員の中には、「これで本当によいのか」「よりよい方策はないのか」と、自信と良策が見出せないまま過ごす者もいました。

平成二七年に本市教育長に就任した吉《き》柳《りゅう》啓二教育長は、教員や子どもたちに元気と勇気を与えようと、自ら旗振り役として、様々なイベントの冒頭に「♪月が出た出た、月が出た、よいよい」と田川市発祥の民謡「炭坑節」を熱唱したり、田川の誇れる歴史や子どもたちをとりまく温かい人情話を、身振り手振りを交えながら語ったりするなど、常に明るく振る舞われます。そして、いつ

吉柳啓二教育長

も市内教員を前にした挨拶では、「田川は全国と比較して、経済的環境などにおいて厳しい状況にある子どもたちが依然として多いのです。だからこそ、筑豊・田川の教師としての矜持をもって、育ちの姿と目に見えるデータの両方で成果を出し、目の前の子どもたちや保護者、地域のみんなに元気と勇気を与えましょう。そして、市民誰もが誇れる教育と文化のまちを、ともにめざしましょう」と呼びかけます。そんな、誰よりも田川を愛し、田川の子どもたちの明るい未来を願う「日本一熱い教育長」が熱望したのが、陰山英男先生が提唱する「陰山メソッド」でした。

二「陰山メソッド」との出会い

吉柳教育長が、陰山メソッドを田川市で導入したいと思ったのは、以前陰山先生の講演に参加した際に聞いたある言葉がきっかけでした。

「少々、家庭での基本的習慣が身についていなくとも、学校の教職員が同じ方向を向いて、基礎基本の徹底反復に取り組めば、学力は必ず向上します」

この言葉は、教育長自身の教育理念である「公教育は、経済格差や家庭の養育力格差を学力格差・教育格差にしない教育実践をすべきだ」という考えと重なりました。「教育格差を解消したと筑豊・田川から発信するためには、陰山英男実践（陰山メソッド）が何としても必要だ」

と、思い立った教育長は、早速、近隣自治体で教育長を経験され、陰山先生とも親交の深い荒木博史様に陰山先生を紹介していただき、田川市学力向上アドバイザーの就任を打診しました。

陰山先生は、この時、同じ筑豊地域である飯塚市の学力向上アドバイザーに就任されており、飯塚市は、「陰山メソッド」の導入後、すでに大きな成果をあげていました。そうしたモデルとなる自治体が近隣にあったことは、本市にとって大変幸運なことでありました。

陰山先生は、本市学力向上アドバイザーへの就任を快諾してくださり、翌平成二八年度より市内小学校における、田川市版陰山メソッドの実践が始まりました。

三　田川市ぐるみの取り組み

陰山先生からは、「陰山メソッド」についての理念や取り組み方を共通理解することが、まずは重要であるとの助言をいただきました。そこで、大きく三つの取り組みを進めることから始めることにしました。

一つめは、教材や朝の学習の行い方を「揃える」ことです。平成二七年度末の校長会において、市内小学校で用いる漢字練習の教材を「全漢字ドリル」に統一し、次年度より本教材を用いた「漢字前倒し学習」を開始しました。また、市内小学校から陰山メソッド検証校二校を指定し、導入後間もない四月下旬に、市内教員が朝の学習を参観する研修会を開催しました。検証校では、すでに「音読」→「百ます計算」→「漢字練習」のメニューに沿って、集中して取り組む児童の姿がみられました。

二つめは、先進的に取り組まれている学校の様子を収録したVTRを、市内全教員が各校で視聴しました。県内の鞍手町立西川小学校や飯塚市立大分小学校での朝の学習や授業の様子は、大変参考になるものであり、市内教員への刺激となりました。

三つめは、「教育講演会」の開催です。「陰山メソッド」の取り組みを広く保護者や市民の方々に発信し、田川市ぐるみで学力向上の気運高揚を目的として開催したこのイベントには、約七〇〇名以上が参加しました。

このような取り組みにより、「陰山メソッド」に関する理解が進み、全体的に取り組みが浸透していくように思われました。確かに、全国学力調査において、全国平均を超える学校が増加するなど、成果もみられましたが、それが一気には市内全体には広がらず、学校間での取り組み方に温度差が見られるなどの課題も浮き彫りとなりました。

●学校が主体となった「陰山メソッド」

具体的な成果がみられるようになったのは、陰山メソッド導入三年目の平成三〇年度に入ってからでした。

　教育委員会では、もう一度、陰山メソッドの導入により成果を上げている学校の熱を肌で感じるところからと考え、同年六月に、教育長をはじめとする教育委員会関係者で、飯塚市立菰田小学校に視察に行くことにしました。石井幸子校長（当時）の信念に基づいた取り組みの説明や、授業でみせる凄まじいほどの児童の集中力、それを支える教師の熱意を目の当たりにし、大きな衝撃を受けました。これまでも、先進校の実践報告を聞いたり、ＶＴＲで視聴したりしていましたが、直に体感することの大切さを改めて感じました。

　その後、市内小学校に視察を提案したところ、各校から多くの希望があり、一か月後、再度菰田小学校に視察に行くことになりました（飯塚市教育委員会ならびに菰田小学校には、大変お世話になりました。この場を借りて深く感謝申し上げます）。

　時期を同じくして、教育委員会より、例年行っていた百ます計算と漢字定着の各校の効果測定結果を、一覧表にして配付することにしました。これは、各校の取り組み状況を把握することと、各校における好事例を積極的に取り入れることを促すために行ったものです。

　こうした取り組みを進める中で、各校から好結果や様々な好事例が次々に聞かれるようになってきました。

●百ます計算の伸び悩みの要因を細かく分析し、改善策を即実践した好事例（鎮西小学校）

平成三〇年度検証校であった鎮西小学校では、百ます計算の結果が伸び悩む要因を「姿勢の悪さ」と「鉛筆の持ち方」ととらえました。これまでも、授業中に集中が続かず、学習意欲が停滞してしまう児童の実態があったことから、まずは朝の学習で「立腰指導」と「運筆指導」にも力を入れることにしました。立腰指導を校内で徹底するために、講師を招聘した教員研修を行ったり、運筆指導の第一人者である前田昌彦先生（児童かきかた研究所師範）を陰山先生より紹介していただき、学力向上担当者等職員二名が、兵庫県まで出向いて直接指導を受け、それを持ち帰って職員に伝えたりするなどしました。結果の伸び悩みの要因を細かく分析し、職員と共有し、即実践したことにより職員のベクトルが揃い、児童の姿がみるみる変化していきました。

このような取り組みの結果、同年二回目の効果測定結果では、各学年ともに市内平均を大きく上回る結果を残すとともに、第五学年の標準学力調査結果（活用）が、全国平均を大きく上回る（＋二二・一ポイント）など、驚くべき成果がみられました。

●集中速習への挑戦（伊田小学校）

平成三〇年度、令和元年度検証校の伊田小学校では、児童が、受け身の姿勢で授業に参加することが課題となっていました。「朝の学習（陰山メソッド）で身につけた学習能力を存分に発揮できる授業を行う必要がある」と考えた伊田小学校の佐藤栄一校長（当時）は、教育委員会との打ち合わせの際、「ぜひ、陰山先生に新たな学習スタイルでの授業を見せていただきたい」と要望されました。この旨を陰山先生に伝え、平成三〇年九月に陰山先生による師範授業が実現しました。

　この時の師範授業は、「問題が解き終わったら、下校していいですよ」という衝撃的な言葉で始まる授業でした。子どもたちにとって心地のよいリズムとテンポで進む授業展開や、誰一人として取り残すことなく、的確で効果的な支援を行いながら学習が進むことにより、児童の集中が途切れることなく、常に前のめりになって主体的に学習する姿が見られた授業でした。これが、「集中速習スタイルの授業」を初めて目の当たりにする機会でした。

　その後、伊田小学校では、陰山先生の師範授業を細部まで分析し、「時間管理」や「関連する既習事項」「つまずきやすい学習内容」を学習指導略案の様式にまとめ、これを

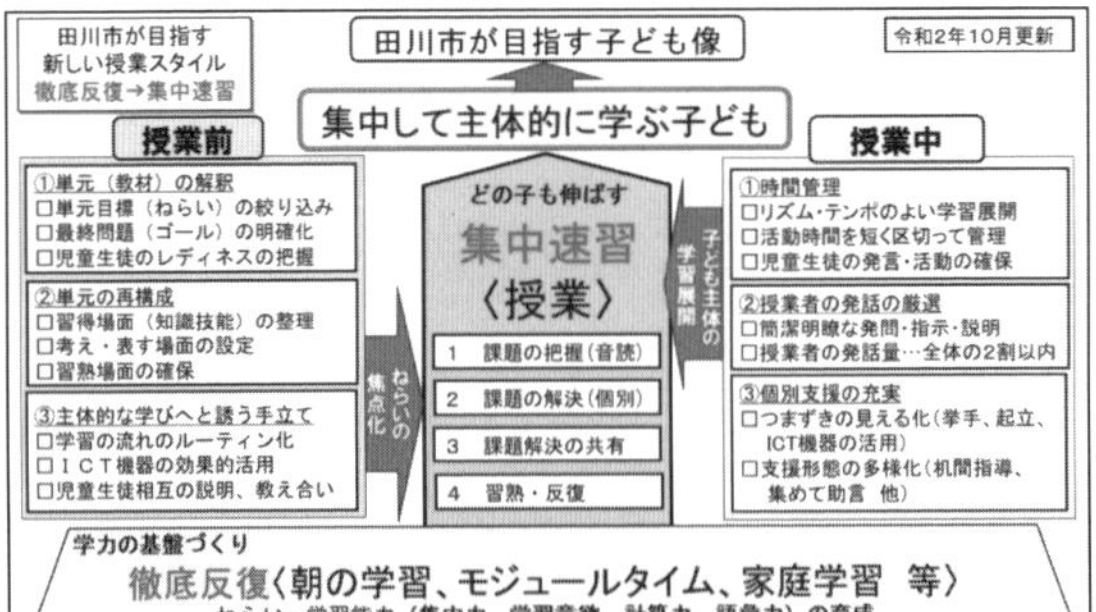

集中速習構想図

もとにした実践を進めることにしました。互いに授業を見合う際には、授業者が発話する時間をストップウォッチで計測し、児童の活動時間を十分確保しようとするなど、集中して主体的に学ぶことができる授業づくりを共通理解し、試行錯誤を重ねながら実践を積み上げていきました。

その後、四か月後に予定されていた市主催の研修会では、全学級が「集中速習スタイルの授業」を公開しました。陰山先生からは「まさか、こんなに早く集中速習スタイルの授業が公開されるとは」と評価をいただきました。

伊田小学校は、翌年令和二年一月にこれまでの取り組みの成果を広く発信すべく、「陰山メソッド全国大会」の会場校として、全学級がさらに進化した集中速習スタイルの授業を公開しました。そこで、報告された「集中速習構想図」は、それ以降、田川市全体の「田川市が目指す新たな授業スタイル」のモデルとなっています。

●効果のある五つの取り組み

陰山メソッド導入後の三年間で、次の「五つの効果のある取り組み」をしっかり進めている学校ほど、大きな成果を上げていることが明らかになってきました。

①【揃える】…教材や実施時間、行い方を統一している

②【体感する】…市内外の先進地を視察し、現地で熱を肌で感じている
③【評価する】…管理職、学力向上担当者が各教室を回り、児童の姿を即時評価している
④【数値化する】…短いサイクルで効果測定を行い、成果や課題を見える化している
⑤【改善する】…効果測定結果の分析を行い、具体的な改善策を即実践している

この効果のある五つの取り組みを、市主催の学力向上検証委員会や、定期的な学校訪問の際に提示することで、学校間の取り組みの温度差を縮めることできました。

●ピンチをチャンスに！　～コロナ禍での学力向上策～

市内小学校が、主体的に自校の課題解決のために、陰山メソッドを効果的に活用するようになり、市内全体の学力向上の機運が高まってきた矢先、新型コロナウイルス感染症の猛威が全世界を襲いました。特に、令和二年三月から五月までの約三か月間にわたる臨時休業は、これまで経験したことのない事態として、混乱を極めました。

「家庭での学習習慣や自学自習力が身についていない児童にとって、学校での授業ができないことは、大きな痛手となる。このままでは、学力低下は避けられない」

こうしたなか、陰山先生は、私たちに驚くべき提案をされました。

「こうした状況だからこそ、家庭における予習や、再開後に集中速習スタイルでの授業を実施

してみてはどうでしょうか。田川市には、今年度末に、これまで以上の高成績を残し、この授業スタイルの効果を証明してほしいのです」

これまで、陰山先生からの様々な提案には、少しは慣れていたはずでしたが、はじめてこの提案を聞いた時は、さすがに動揺しました。しかし、その提案を聞いた教育長が「よし、それでいこう！」と、決断をした時にはさらに衝撃を受けました。

教育委員会では、その後市内学校の校長と協議しつつ、臨時休業中の学力保障・学力向上の方策として、

①家庭における新出漢字の前倒し学習を促進するための「市内一斉漢字テスト」の開催、及び家庭での漢字前倒し学習を支援するための市内職員（後藤寺小学校職員）の協力によるYouTube 動画「おうちでできる漢字速習」の配信

②全児童数分の「たったこれだけプリント」の市費での購入、及び効果的なテキストの使い方を示した市内教員（金川小学校職員）の協力によるYouTube 動画「おうちでできる予習の仕方」の配信等を行いました。

そして、学校再開後には、主に算数科を中心に、「集中速習スタイル」を取り入れた学力向上策「たがわワンベース、ツーステッププラン」を提案しました。この取り組みを市内教員に理解をしてもらうために、取り組む意義や行い方をまとめた田川市教員向けの研修動画を陰山

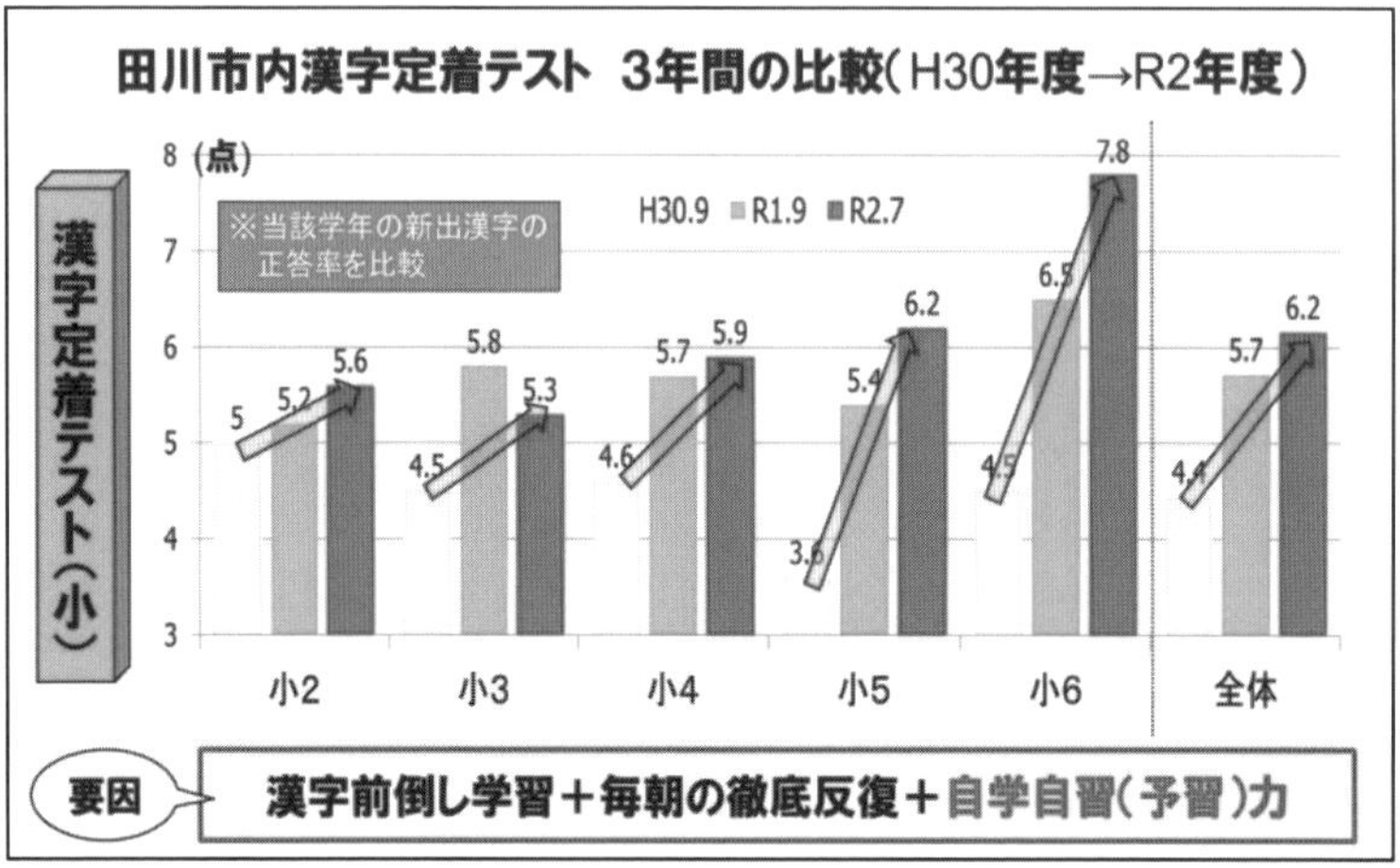

先生にお願いして作成・配信していただきました。この動画は、市内の全職員に視聴してもらい、視聴した教員全員からアンケート形式で回答をもらいました。前代未聞の取り組みのため、不安な心情を吐露する声もありましたが、「時代は変化しているのに、授業スタイルは旧態依然のままである。今こそ授業改革すべきだ」と言った前向きな意見も多く寄せられました。

　学校再開二か月後に行った効果測定では、これまでと比べて取り組み期間が短かったにも関わらず、漢字定着テストの結果が、ほとんどの学年平均が過去最高となりました（上図参照）。しかも、市内小学六年生の平均正答率が、七月時点で、すでに目標値の八割に迫る結果となったことに、大変衝撃を受けました。教育委員会では、この結果を、これまで継続して陰山メソッドに取り組む中で身につけた学習能力が基盤となり、臨時休業中に行った方策により、家庭で自らの力で前倒し学習ができていたことを示すものであると結論づけました。陰山メソッドは、子どもたちの「主体的に学ぶ力」や「自学自習の力」を育む基盤にもなることが、今回の結果から明らかとなりました。

●金川小学校での師範授業でみえた光

令和二年度より陰山メソッド検証校となった金川小学校の道高修一校長からは、年度当初の打ち合わせの際、「陰山先生が、金川小の子どもたちに集中速習スタイルの授業をしている様子をぜひ本校職員に見せたい」との要望がありました。陰山先生にこのことを伝えると、大きく二つのことをクリアしておくことを条件に挙げられました。二つの条件とは、「①百ます計算二分通過率九割を達成しておくこと」、「②授業に参加する児童が、たったこれだけプリントで、授業に関する単元のページを暗記する程度まで予習をしておくこと」でした。

令和二年九月の時点で、対象学年である六年生児童は、この条件をクリアすることができていました。それだけでなく、金川小学校は、学校ぐるみの組織的な取り組みにより、百ます計算と漢字定着ともに、市の平均を大きく上回る結果を残していました。

師範授業当日、陰山先生は、授業の導入で、児童たちに「条件をクリアしている皆さんに合わせて、今日は最高速の授業を行っていきますが、よろしいですか」と声をかけられました。

児童の表情が引き締まるのを感じました。

その日の師範授業で、多くの学ぶべきポイントがありました。

○単元のねらいを焦点化し、教科書内から重要な学習内容を抽出する。

○いきなり最終問題を提示して本時学習のゴールを明確にもたせるなどして、児童を主体的な学びへ誘う。

○子どもたちにとって心地よいと感じるリズムとテンポのある学習展開を心がける。

○子ども自身につまずいていることを自覚させた後、意図的・計画的な個別指導を行う。

○児童のやる気や自尊感情を高める声かけをする。

授業後半、陰山先生は、児童に次のような話をしました。

「君たちは、学力的には都会の子たちに全然負けていません。より大きくなりたい、より高い所に行きたいという気持ちをもつ、これが一番大事なんです！」と、田川をはじめとする地方で暮らす子どもたちにこそ必要な、将来に向けた展望をもつことの重要性を語ってくださいました。子どもたちに向けたこのメッセージは、授業を参観していた市内の教員にとっても、元

陰山先生による師範授業

気と勇気の湧く言葉であり、田川市の未来を明るく照らす道標となりました。

【授業に参加した児童の感想】

○陰山先生のおかげで、集中力が高まった気がしたし、テンポがよくどんどん次に行くけど、しっかり頭の中に残りました。授業中、時間を一度も気にせずとても楽しい時間になりました。

○私は、勉強が苦手な方です。でも、「出来ないいんじゃなくて、していないんだ」という言葉を聞いて、「していない」という自分に気づけました。陰山先生の言うとおり、大きな夢をもって、いろいろなことに挑戦して学力を伸ばそうと思いました。

四　「奇跡」ではなく、「日常」

本市が、陰山メソッドを導入して約五年間、これまでにはない「奇跡」ともいえる結果をいくつも目の当たりにしてきました。しかしながら、これは、私たち大人が、「ここまでの結果を残すのは不可能だ」と、勝手に線引きをしてしまっていたからこそ抱く感情であると言えます。そういう点で、陰山メソッドは、私たちに「子どもたちの可能性を信じることの大切さ」

を改めて教えてくれているように思います。

これから起こることが、「奇跡」ではなく、当たり前の「日常」の光景であると感じられるよう、これからも学校・家庭・教育委員会ぐるみで、子どもたちの可能性を信じ、伸ばしながら、一歩一歩前進してまいります。

二 陰山メソッドと子ども一貫教育

新潟県糸魚川市教育委員会　指導主事　水澤　哲

一 陰山英男先生と糸魚川市との出会い

　糸魚川市は、新潟県最西端に位置し、富山県と長野県、日本海に囲まれている人口約四万一千人のまちです。糸魚川―静岡構造線のまち、フォッサマグナ西縁のまち、国石ヒスイが産出されるまちであることなどから、最近では「石のまち」として親しまれています。

　また、〇歳から一八歳までの「糸魚川市子ども一貫教育計画」を平成二二年に策定、平成二三年から実施して令和二年で一〇年目を迎えます。その基本計画に示す重要な柱の一つである「健やかな体～健康を自己管理できる力の育成～」をめざす取り組みとして、「早寝・早起き・おいしい朝ごはん」の活動にも取り組んできました。

　陰山先生との出会いは、子ども一貫教育計画の実施五年目の平成二七年に実施した「早寝・早起き・おいしい朝ごはんフォーラム」で、当時、立命館大学で教鞭をとっておられた陰山先生に講師としてお越しいただいたことに始まります。当日は、基調講演で演題「早寝早起きおいしい朝ごはん～やる気が伸びる七つの習慣～」としてご講演いただいたり、「豊かな体験で子どもは育つ」と題したパネルディスカッションのパネラーの一人としてお話ししていただいたりしました。

フォーラムを主催し、参加していた糸魚川市長と教育委員等が陰山先生のご講演をお聞きし、陰山メソッドが当市の子ども一貫教育と密接な関連性があり、生活リズム改善のことだけでなく、基礎的な学力を徹底的な反復によって身につけていくという点に感銘を受けたことが、翌年の平成二八年度から糸魚川市で取り組むきっかけとなりました。

二　全小学校に取り組みを広げる

(1)糸魚川市の小学校の概要

日本海とそこへ注ぎ込む河川によってつくられた平地、新潟県内最高峰の小蓮華山に代表される山々に囲まれた地域に大小の学校が点在しています。導入初年度の平成二八年度は一六校、小学生は一七六六名です。小学校の統合によって、全体の学校数が二校減り、複式学級をもつ学校が五校となりました。

日本で最初にユネスコに認定されたジオパークの一つである、「糸魚川ユネスコ世界ジオパーク」が二四のジオサイトとして市内各所にあります。地域に根差した教育を推進する市内の全学校は、生活科や総合的な学習の時間を活用し、地域の文化や自然、そこに住む人の暮らしをテーマに学ぶ「ジオパーク学習」に取り組んでいます。

(2) 陰山メソッド導入の軌跡

平成二八年度から令和二年度で五年目となる糸魚川市での取り組みは、初年度七月の市内教員八名と教育委員会三名で組織した代表団による、立命館小学校視察から始まりました。

代表団の視察によって得た学びをもとに、陰山メソッドのポイントが次の八点にまとめられ、各校へ発信されていきました。

①勉強とは、集中する練習である。
②学習で大切なのは、テンポとスピードである。ゆっくり、ていねいに教えるのは効果なし。
③緊張は集中を妨げ、人を萎縮させる。リラックスを生み出すのは、親や教師の笑顔である。
④テストは、必ず予告して実施する。
⑤覚えたことを忘れさせない働きかけ→忘れた頃に反復（一週間後、一か月後等）

⑥限界を超えた集中力は学力を一気に高める。
⑦教師は、黒板から離れて子どもの中に入っていく。視線の動かし方。
⑧ノートをきちんと書かせる（書くことによって脳が活性化する）。ノートは一か月一冊をめざす。

視察当時の参加教員が受け止めた学びですが、今でも大切にしているところや改めて確認したい点があり、大いに参考になります。

このようにして、糸魚川市の陰山メソッドを取り入れた学力向上の取り組みは、まず、その形とねらいの理解、そして全教職員への周知を目的に始まりました。

理解と周知の方策として、陰山先生から年間三回お越しいただき、子どもへの示範授業とご講演の二本立てによる市内教職員を対象とした研修会を実施することにしました。また、会場校となった学校では、研修会とは別に、陰山先生から全学級の授業を参観していただき、授業者一人ひとりに具体的なご指導をいただく機会も設けました。このスタイルは令和二年度の現在も続いています。

以下は平成二八年度から令和二年度の第２回研修会までの演題です。

平成二八年度　第一回「半年で子どもを劇的に伸ばす」
第二回「糸魚川市の学力課題への対応」
第三回「基礎学力定着から思考力育成へ」
平成二九年度　第一回「学力向上における家庭と学校の役割」
第二回「子どもにやる気を起こさせるための大人の役割」
第三回「陰山メソッドとは？～陰山メソッドの意義・効果とその方法～」
平成三〇年度　第一回「陰山メソッドとは？～陰山メソッドの効果とその方法～」
第二回「『集中』のある授業を目指して～陰山メソッドの効果とその方法～」
第三回「『集中』のある授業を目指して～陰山メソッドの効果とその方法～」
令和元年度　第一回「徹底反復から集中速習へ」
第二回「子どもが伸びる本当の学習法」
第三回「徹底反復から集中速習へ」
令和二年度　第一回　無題：プレゼンなしのマイク一本トーク
（子どもを取り巻く環境の変化、コロナ禍で試される学び等）
第二回「ゆっくりていねいな授業からの脱却～本格化する学習イノベーション～」

演題を見ると、陰山先生と当時の担当指導主事等が打ち合わせをしながら、糸魚川市の教職員に正しい理解を促すために試行錯誤した様子、徐々に理解が深まっていく様子が分かります。その過程を次の五段階にまとめることができます。

①学力向上に対していかに効果があるか知る段階

陰山メソッドによって子どもの基礎的な学力を鍛えることができ、ゆくゆくは客観的な学力調査等にも成果となって表れること等を伝え、各校の積極的な取り組みを期待している段階です。

導入当初、視察等でその効果を子どもの姿として目の当たりにしている職員がいる学校とそうでない学校との温度差を埋めるための方策でした。糸魚川市の教職員の心に火をつけ、意欲をもって取り組んでほしいと願って進めていました。

②思考する力を育てる効果もあることを知る段階

他市での成果を聞き、市内の小学校教員が実際に取り組み始めた段階です。日々、音読や百ます計算、漢字学習に取り組んでみて、「これだけでよいのか」、「今、求められる学力に対応しているのか」という現場の声が少し聞こえてきました。

導入当初は、姿勢よく元気な声で嬉々として音読に取り組んだり、百ます計算で自己新記録を打ち出したり、書ける漢字が目に見えて増えてきたりします。しかし、その成果が授業中に具体的な姿として現れ、教師が実感するまでにはタイムラグがあるのかもしれません。その間に生じた迷いを払拭すべく陰山先生からたくさんご講演いただいた時期でした。「思考力は、思考の仕方を教える授業では育たない、徹底反復によって四則演算や新出漢字、音読が当たり前のようにできるレベルにまで身につくことで初めて思考するようになる」というお話が印象的でした。

③家庭との連携によってさらに効果的となることを知る段階

陰山先生からは、導入当初から一貫して家庭との連携の重要性についてお話ししていただきました。ご紹介のあった山陽放送で放映された番組「メッセージ」（二〇一七年四月五日）の中の親子で楽しんで百ます計算に取り組んでいる様子が象徴的でした。

学校が、陰山メソッドの取り組みについて保護者に説明し、理解していただくことで得られる効果（家庭学習で力をつけ、授業でその成果を発揮するサイクルを繰り返す等）の重要性について強く認識できました。

④陰山メソッドについて再確認をする段階

当初は指示しないとできなかったプリント等の準備が習慣化によって整然と行われるようになります。また、多くの子どもが設定時間内でできるようになってきます。これらによって生まれる余剰時間の積極的な活用等は、子どもの集中力や学習意欲を高めるための工夫や改善となるため大歓迎です。しかし、慣れからくるゆるい空気感（だれている状態、「またか」と子どもが感じている状態）等は、形ばかりをなぞっていても認められない自己流となります。

常にメソッドのねらいに即した動き、声掛け、時間配分等を行うことの大切さに気づかせていただきました。教職員が入れ替わっても学校全体で一体となって取り組む必要性とも関わるポイントでした。

⑤集中速習という一つ上のメソッドを知り、実践につなげる段階

多くの子どもが、音読と百ます計算、漢字学習を素早く正確にできるようになると集中速習の段階へ進むことができます。糸魚川市では、「百ます計算二分以内の子どもが八割以上、新出漢字の学級平均正答率が八割以上」を目安として取り組みを進めています。

陰山先生からは、示範授業として算数科の集中速習による高速授業をこれまで三回実施していただきました。特に、糸魚川市立能生小学校を会場に行われた三回目の集中速習授業につい

て、その内容を次のように理解し、解説を加えて市内学校へ次のように発信しました。（「教育糸魚川第四三号」令和二年七月二二日発行より）

《集中速習のポイント①》

学習内容（小数のわり算）の要素を洗い出し、指導計画で数時間分の内容を一時間の学習内容として再構成した。

【解説】 指導計画の数時間分を一時間に収めることは、「詰め込みや学習内容を省く」ことではありません。「教材研究によって授業の無駄を省き、シンプルな内容で再構成する」ことです。また、子どもに「ます計算で二分以内、自学年漢字の正答率が八割以上」を目安とする基礎学力が定着していることも必須です。

陰山先生は、六時間分の学習内容を一時間で行いました。残りの五時間を徹底反復する時間に費やすことができます。五時間も必要なければ、当然、次に進むこともできます。

《集中速習のポイント②》

授業の冒頭、これから習う内容の問題（小数のわり算）に挑戦させ、「予習の時間」とした。教科書を見てもよし、相談してもよし。

【解説】　未習内容に挑戦する「予習の時間」は、「教科書等を読み込み、必要な情報を取捨選択する時間」「自分が理解したことを仲間へ説明することで、自身の学びを客観視する時間」「チャレンジ精神を発揮する時間」等になります。また、継続的に授業の冒頭で予習の時間を設けていくと、家庭学習の内容に予習が増えていきます。

示範授業では、冒頭の問題に最後にもう一度触れることはありませんでした。陰山先生は、子どものわり算筆算のレベルから、筆算を書きやすいますがある問題を選択しました。研修終了後、駅へ向かう車内で、「冒頭の問題にもう一度触れられれば授業としてきれいだけど、子どもが解きやすい問題を選んだ。できるようにさせてなんぼや」とおっしゃっていました。おそらく、次時に担任が再挑戦させることも先生の念頭にあったことでしょう。

市内の先生方に、集中速習の授業について正しく理解していただくために伝えたいと考えて作成しました。特に、ポイント①に挙げた、集中速習の授業は、詰め込みや学習内容を省くことではなく「教材研究によって授業の無駄を省き、シンプルな内容で再構成する授業である」ということ。「基礎学力（ます計算で二分以内、自学年漢字の正答率八割以上が目安）が定着していることが必須」ということを伝える機会と考えました。

陰山先生から見せていただいた集中速習の授業を、私たち現場教員が自分のものとして日常の授業に活用していくためには日々の授業を通じての研鑽が必要だと考えています。

(3)結果の見える化

陰山先生から糸魚川市へいただくご指導の一つに「結果の見える化」があります。陰山メソッドの百ます計算や漢字学習の結果は、数値で明確に表すことができます。自身の取り組みの成果が全体のどのあたりに位置づいているか分かるだけでも教師が意欲的になる、成果を上げている教師に学ぶようになるというアドバイスです。糸魚川市では、現在、市平均のみを各小学校へ公表しています（陰山先生からは「そこが甘いんだよなあ」と苦笑いされています）。

各校では、記録を蓄積するファイルを子どもに持たせ、日々の記録や使用したプリント類を綴っています。子どもたちは、自分の記録を振り返り、変化や成長を自覚しながら取り組んでいきます。

また、学級のデータと学校全体のデータを市全体のデータと簡単に比較できるように、エクセルを活用したデータファイルを作成し、市内の全校に配布しています。概略は次の通りです。

「集計用シート（各校専用）」エクセル

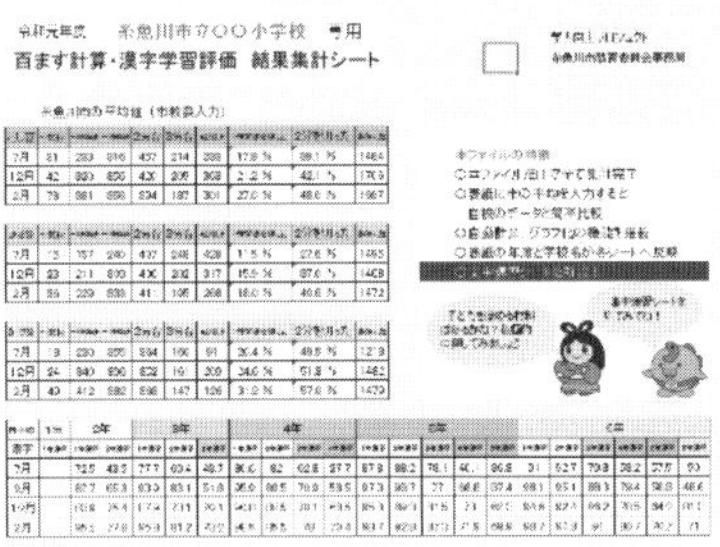

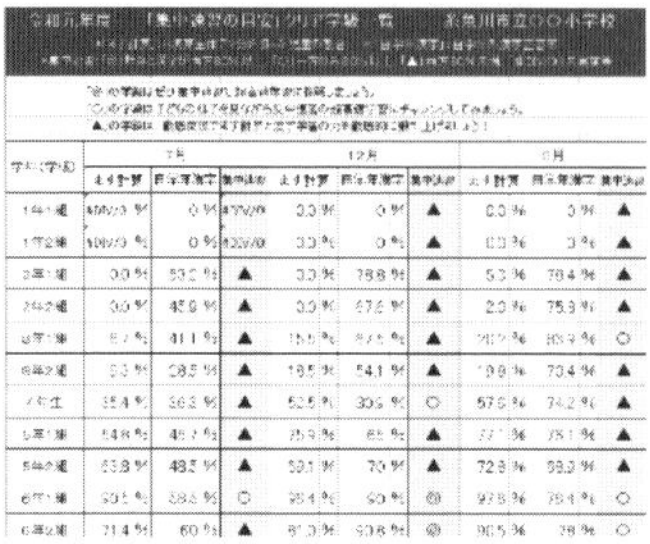

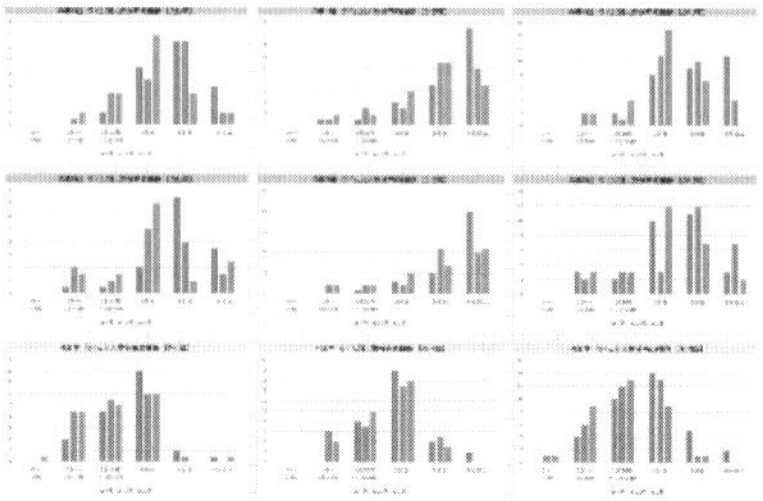

表紙シートに糸魚川市の平均と学校名を入力（前ページ参照）すると、各シートに市平均と比較した棒グラフや折れ線グラフが作成されます。各シートに学校名も自動で反映されます。

《ます計算シート》

表に数値を入力すると、学級ごとに右上の図のようにグラフ化されます。たし算、ひき算、かけ算ごとに、学期ごとの終了タイム分布が学級ごとに分かります。右の三段のグラフが三学級分のグラフです。学校のグラフと市のグラフを並べて比較しているシートもあります。

《漢字シート》

結果を表に入力すると、学校ごとに右下の図のようにグラフ化さ

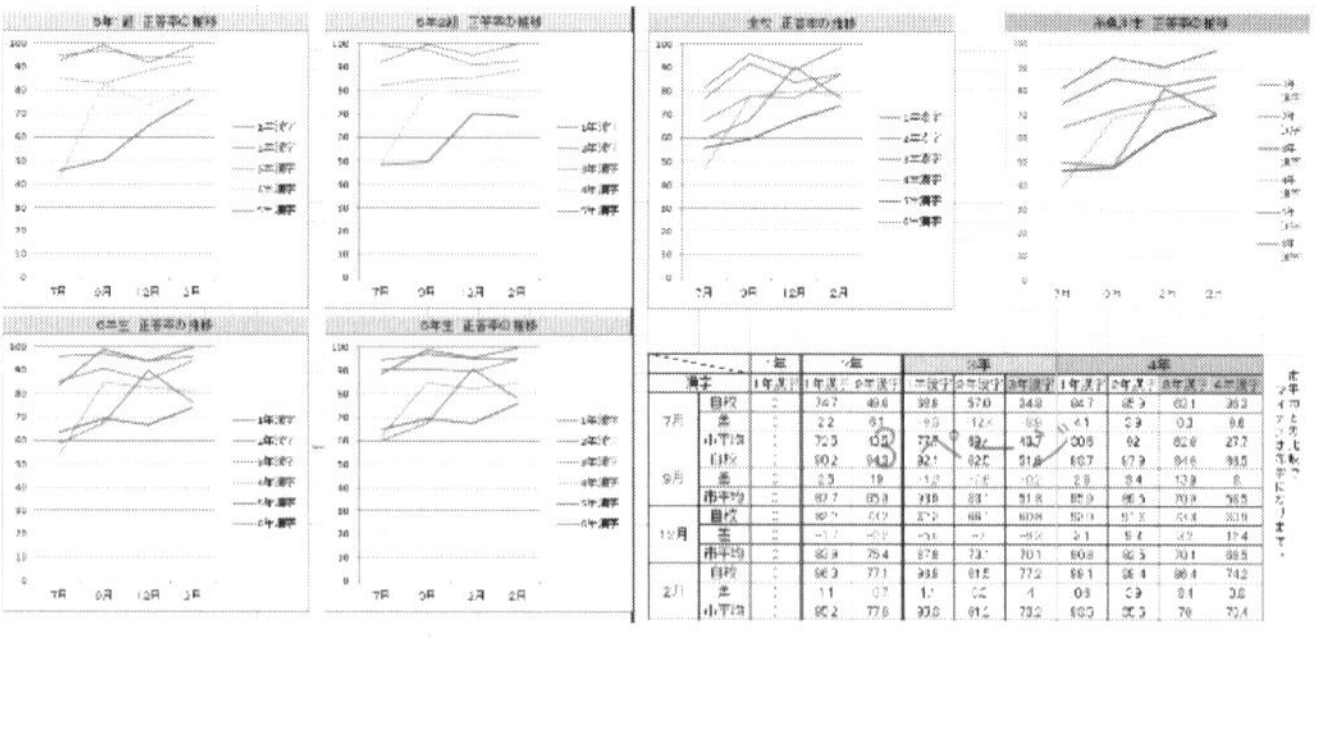

れます。回を追った学級平均の推移が見える化されます。市平均と学校全体の比較のグラフもあります。

《集中速習シート》　※前ページ左上の図

入力された結果から、糸魚川市が集中速習の授業に必要な基礎学力が身についた目安としている「ます計算で二分以内、自学年漢字の正答率八割以上」について、両方ともクリアしている学級には◎、片方だけクリアしている学級には○、両方クリアしていない学級には▲がつきます。

結果を「見える化」することで、自身の取り組みについて評価できます。他者や他学級との比較ではなく、自身の成長、自学級の成長に注目して取り組みの改善を行うように指導しています。

糸魚川市全体の集計グラフ一覧

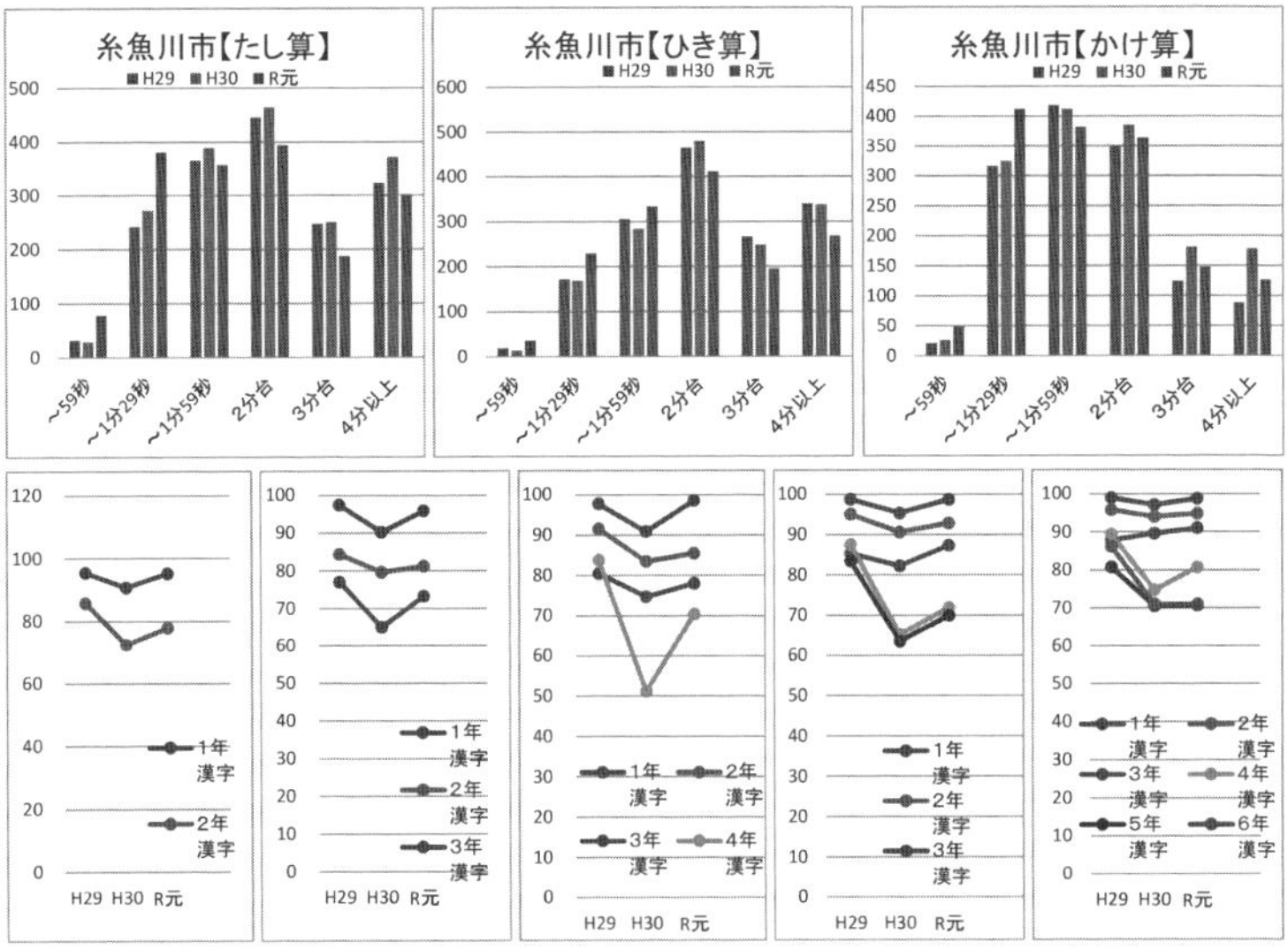

三　おわりに

平成二九年度から全小学校での結果集計を始めました。百ます計算と漢字正答率の推移は前ページの図のとおりです。

各項目とも上下しながらも緩やかに上昇しています。決して目覚ましい結果とは言えませんが、陰山メソッドの取り組みを継続してきた成果が各校の教室の中に表れてきています。

漢字の勉強が好きになって、家でも進んで勉強してくる子ども
ます計算の自己新記録を出して喜ぶ子どもの姿に、手ごたえを感じている先生
テンポのよい授業に意欲をみせ、くらいついてくる子ども
自身の授業を振り返って無駄を省き、子どもが全力で学べる授業づくりに努める先生
子どもと先生方の成長を支える管理職
一体となって学校を応援する保護者と地域

糸魚川市では、子ども一貫教育を通じて主体的に学び続ける力の育成をめざしています。子どもたちには、陰山メソッドの取り組みを通じて基礎的な学力を徹底的に身につけさせるだけ

でなく、集中力や学習意欲といった学びに向かう姿勢も育てていきます。また、陰山メソッドの指導を通じて、教師自身の授業力向上だけでなく、学級経営の力量も向上させ、糸魚川市の子どもを自己肯定感の高い子どもに育てたいと考えています。まだまだ道半ばですが、これからも子どもや現場の先生方の声とともに取り組みを進めてまいります。

第四章

学校で取り組む陰山メソッド

一 陰山メソッドから働き方改革へ

岐阜県岐阜市立梅林小学校　前校長　堀江秀樹
（現在　岐阜県岐阜市立岐阜特別支援学校　校長）

一　梅林小学校に赴任

梅林小学校の入学式は音読からスタートします。校長式辞では、一年生を主役にした音読指導を行います。大きな口を開けて、一生懸命音読する姿に、会場から拍手が起こります。

私が梅林小に赴任したのが平成二八年四月です。前任の校長先生から、これまでの全国学力学習状況調査と岐阜県学力調査の結果を見せていただきながら、「本校は基礎学力の定着に課題があり、勉強のできる児童とできない児童の二極化の傾向がある。学力の向上が一番の課題である。また、少子化が市内中心部で顕著になり、児童数が大きく減少している。八〇〇名は収容できる広い校舎を二〇〇名で掃除するのが大変である」と

岐阜新聞　2019年（平成31年）4月9日

梅林小で夢の開花を
校長が新1年生にエール

県内の多くの小中学校（義務教育学校含む）で8日、入学式が行われた。新元号「令和」の典拠は万葉集の梅花の歌の一節だが、「梅」を校名に冠する岐阜市金竜町の梅林小学校では、新1年生30人が入学し、学びやの門をくぐった。
同校には、中国の詩人・王文正による梅を題材とした漢詩の碑文がある。1980年の新校舎建設に伴い同校PTAなどが寄贈したとされ、優秀な人物が先ん

次代へ

入学式で声を合わせて詩を音読する新1年生＝岐阜市金竜町、梅林小学校

岐阜新聞　2019年（平成31年）4月9日　朝刊

引き継ぎを受けました。

学校は岐阜市の中心部、柳ヶ瀬という繁華街に隣接しています。校区には、校名の由来になった梅林公園があり、三月の梅まつりには、毎年多くの市民で賑わいます。

児童は明るく活発。登校すると学年の垣根を越えて運動場で元気に遊ぶ児童でいっぱいです。一方、遅刻してくる児童が多く、家庭への支援が不可欠でした。また、私と一緒に赴任した教諭から、加減の計算や九九が正しくできない児童がいて、授業がなかなか進まないといった声が聞かれました。四月に実施した全国学力状況調査「算数Ａ問題」は、岐阜市内の小学校で最下位でした。

二　陰山メソッドとの出会い

梅林小学校に赴任する三か月前、名古屋の名進研小学校で開催された徹底反復研究会に参加しました。陰山英男先生による基調講演と福岡県飯塚市立飯塚小学校の石井幸子校長先生による陰山メソッドの実践発表に大きな衝撃を受けました。読み書き計算を毎日続けることで、驚くほど学力を伸ばしている児童の姿を目の当たりにし、興味をもちました。その後、陰山英男先生の過去から現在までの本やＤＶＤ、ＶＨＳビデオをできる限り取り寄せ、陰山メソッドがイメージできるまで読み込み、視聴しました。そして、岐阜市立梅林小学校に赴任することとなりました。

三① 陰山メソッド導入までのステップ（平成二八年度）

●ステップ一　教頭と教務主任に提案（四月一〇日）

まずは、教頭と教務主任に学校の教育課題を克服するために、朝の会の前に一五分間「脳トレ」を実施したいと伝えました。内容は、音読、計算、漢字練習です。「音読、計算、漢字」の反復学習によって、基礎基本の定着を図ることができること、脳に血流量が増し、脳が活性化することで一時間目からの学習に集中できることを説明しました。「脳トレ」を実施するためには、朝の会と昼休み、掃除時間を短縮する必要がありました。

新　生活時間表

A日課（普通）		
予鈴	8:15	
朝の会	8:20 ～	8:30
脳トレ	8:30 ～	8:45
1	8:50 ～	9:35
2	9:40 ～	10:25
休み時間	10:25 ～	10:45
3	10:50 ～	11:35
4	11:40 ～	12:25
給食	12:25 ～	1:10
昼休み	1:10 ～	1:30
そうじ	1:30 ～	1:45
チャレンジタイム	1:55 ～	2:10
5	2:10 ～	2:55
6	3:00 ～	3:45
帰りの会	3:45 ～	4:00
下校	2～10月	4:30
	11～1月	4:10

旧　生活時間表

A日課（普通）		
予鈴	8:15	
朝活動	8:20 ～	8:35
朝の会	8:35 ～	8:50
1	8:50 ～	9:35
2	9:40 ～	10:25
休み時間	10:25 ～	10:45
3	10:50 ～	11:35
4	11:40 ～	12:25
給食	12:25 ～	1:10
昼休み	1:10 ～	1:35
そうじ	1:40 ～	2:00
5	2:05 ～	2:50
6	2:55 ～	3:40
帰りの会	3:40 ～	
下校	2～10月	4:30
	11～1月	4:05

教頭と教務主任は、賛同してくれました。しかし、職員から「朝の会や掃除時間が短くなることに不満の声が上がるかもしれない」「これまでお世話になってきた読書サークルの活動を断ることができない」「全校朝会や児童集会ができなくなる」と心配な点を指摘されました。

教頭と教務主任の意見をもとに、日課を変えることにしました。先ず、朝の会を五分間短くし一〇分間にし、その後脳トレを位置付けました。そして、一時間目の授業が時間通り始められるよう五分間の休憩を入れるようにしました。昼休みと掃除時間を短くすることで、五時間目の前の一五分間をチャレンジタイムとし、これまで朝活動で行ってきた「読書サークルによる読み聞かせ」や「ペア読書」「全校朝会」「児童集会」をここに位置付けることにしました。

●ステップ二　先行実施（四月一二日）

着任した早々、日課を変え、新しいことを始めることに職員は大きな抵抗感があると感じました。そこで、初めて担任をもつ常勤講師のいる四年生で、学年主任の協力のもと先行して実施することにしました。まず、講師の学級で校長が脳トレを二日間実演しました。二日目は学年主任に見に来てもらいました。三日目から学年主任と講師の二人で脳トレを始めました。

やってみると、児童は音読が楽しいと言っている。でも、計算に時間がかかる。百ます計算が五分以上かかる子がたくさんいる。漢字練習があまりできないという状況でした。それでも、次第に百マス計算のタイムが速くなり、時間内に漢字練習までできるようになってきました。

●ステップ三　全職員で脳トレを参観（四月二六日）

四年生の脳トレを、全職員で参観することにしました。脳トレを始めて二週間目のことでした。児童が集中して取り組む様子を見て驚く職員、疑問を抱く職員など様々でした。そして、この日の打ち合わせで私から、脳トレの趣旨を説明しました。そして、五月中旬から全校で実施することを提案しました。もちろん、すぐに取り組みたい学級は、始めてもよいことにしました。早速、二年と三年担任からすぐに始めたいと申し出がありました。

音読は、徹底反復音読プリントの教材の中から私が選び、ワープロで打ち直し、拡大印刷をして各担任に届けました。（その後、全校児童分の教材を購入）百ます計算と漢字プリントは、私が作成し印刷をしました。この時点では、学校用教材の漢字ドリルを使用しました。

●ステップ四　全校一斉スタート（五月一四日）

全校で脳トレが一斉スタートしました。朝の会が延びて、脳トレができない学級や時間内に終わらない学級が多々ありました。それでもとにかく、学級を見て回り、児童を励まし、担任

職員からの疑問や声

- ●高学年の児童にこんな簡単な計算をさせて本当に学力がつくのか。
- ●音読や漢字練習なら授業や宿題でできる。
- ●朝の会が一〇分では足りない。
- ●昼休みが短くなり、児童から不満が出ている。
- ●掃除時間が短くなり、きれいに掃除ができない。

に助言をし続けました。しかしながら、一部の職員から上記のような疑問や声が教頭や教務主任に寄せられました。

　人間の脳は新しいことを受け入れにくい性質をもっています。日課を変えたり、新しく脳トレを行うことに抵抗があるのは当然のことであると思いました。こうした疑問や声を教頭や教務主任がうまく受け止め、「課題はいろいろあるけれど、まずは、やってみましょう」と職員にはたらきかけ、なんとか継続することができました。教頭、教務主任に感謝しています。

　この年は、落ち着きのない学年が複数あり、遅刻や怪我が多くありました。教頭や教務主任、生徒指導主事が教室に支援に行くことが毎日のように続きました。九月は運動会の応援練習が毎朝位置付いていることから、脳トレは一か月間休止となりました。なかなか思うようには進められません。しかし、各担任は、百ます計算のタイムがどんどん速くなっていくことや漢字テストの正答率が上がってきたことで、指導の手応えを感じ始めていました。

三② 導入一年目の成果

一月中旬に、四・五学年を対象とする県学力調査が行われました。午前中に四教科のテストを行いました。四年の学級担任が「四時間目まで集中して問題を解いていた。普通なら途中で嫌になる子が出てくるのに」と驚いていました。

4・5学年の県学力調査の結果

(県平均を100)

	国語		算数	
	A 知識技能	B 活用	A 知識技能	B 活用
27年度	98	99	99	95
28年度	111	108	113	118

平均14.75ポイント上昇

4・5学年の県学力調査の結果

(県平均を100)

	社会		理科	
	A 知識技能	B 活用	A 知識技能	B 活用
27年度	109	98	107	98
28年度	107	96	103	105

平均0.25ポイント下降

まず、国語・算数の結果をご覧ください。A問題B問題ともに平均を大きく上回りました。特に算数のB問題の伸びが大きく、集計の間違いではないかと、答案と集計用紙の再点検をしてもらったほどです。

職員は、この結果に大変驚きました。そして、これまで脳トレに懐疑的であった職員も次の日から熱心に指導するようになり、音読の声に張りが出てきました。しかし、漢字の定着と文章の読解に課題がありました。

社会科と理科は、昨年と変わりませんでした。

この結果を見て、社会科の授業を行っていた教務主任と理科の専科が、熱心に教材研究をして授業に臨むだけでは、子どもに学力が身に付かないことに気付きました。

三③　次年度に向けた準備

学力調査の結果を踏まえ、文章の読解力や表現力などの活用力を伸ばしたいと考え、漢字の読み書きを徹底し、語彙を増やすために辞書引き学習を進めることにしました。読解力を付けていくためには、言葉の意味をたくさん覚え、文章の意味を正しく理解する力が必要だと考えたからです。そこで、教務主任は、それぞれの学年で学習する漢字・計算の定着を確実にするために、漢字・計算百問テストを実施すること、社会と理科の小テストを作り、学習の定着を図ることを提案しました。

こうして一年目の内に、次年度に向けた準備をすることができました。

四①　導入二年目の実践（平成二九年度）

辞書引き学習は、百円ショップで購入したカゴに辞書を入れ、児童机の横に掛け、すぐに辞書を引くことができるようにしました。漢字・計算百問テストは、年度末までに九〇％以上できるように目標設定しました。社会科と理科の小テストは、五時間目の前のチャレンジタイムに実施しました。

　この年の秋、陰山先生より「徹底反復　〇年生の漢字」を使った漢字の先取り学習の提案がありました。一月のPTA役員会で、漢字の先取り学習の進め方や熟語をたくさん学習し、語彙を増やすことの大切さについて保護者に説明し賛同を得ました。

　こうして二年目の二月から、漢字の先取り学習をスタートさせ、四月いっぱいまでに次の学

脳トレの進め方

内容	進め方	教材
音読 3分30秒	①全員で声をそろえて音読する 異なる教材を数種類音読することもある ②速読を30秒間する	■徹底反復音読プリント(小学館)
百ます計算 5分	①百ます計算をする　3分 できた児童は手を挙げ、タイムを記録する 裏側の百ます計算に時間いっぱい取り組む ②答え合わせをする ③「昨日より速くできた人？」等簡単に評価する	■百ますたし算・ひき算・かけ算・百わり計算等
漢字練習 6分30秒	①表のページを使い漢字を覚える ②裏のページで漢字テストをする ③隣の席の児童と交換して丸をつける ④直しをする	■徹底反復○年生の漢字(小学館)

年の漢字を一通り学習することにしました。右下の表は、本校の脳トレの進め方です。

四②　導入二年目の成果

県学力調査二年目の結果です。国語と伸び悩んでいた社会科と理科も大きく伸ばすことができました。知識や技能の定着を図り、いつでも使える状態にしておくことの大切さを実感しました。

また、この年は岐阜市で開かれたプログラミングコンテスト

4･5学年の県学力調査の結果

(県平均を100)

	国語		算数	
	A 知識技能	B 活用	A 知識技能	B 活用
27年度	98	99	99	95
28年度	111	108	113	118
29年度	115	119	116	118

平均19.25ポイント上昇

4･5学年の県学力調査の結果

(県平均を100)

	社会		理科	
	A 知識技能	B 活用	A 知識技能	B 活用
27年度	109	98	107	98
28年度	107	96	103	105
29年度	123	117	113	119

平均15ポイント上昇

Pepper社会貢献プログラムプログラミング成果発表会

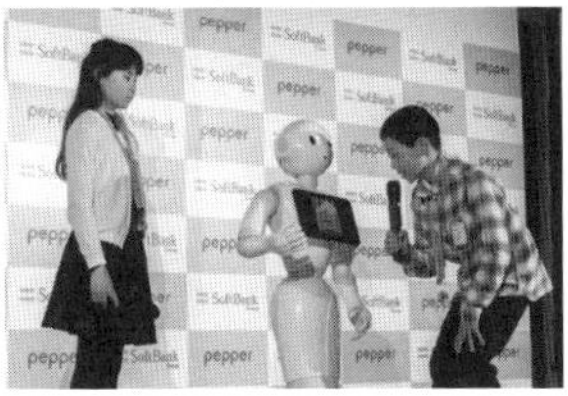

小学生部門　銀賞（全国2位）H30.2

に挑戦し、最優秀賞をいただきました。さらに、全国大会では、小学生の部二位となる銀賞をいただきました。梅林小の強みは、ローマ字の読み書きを反復学習で覚えるので、パソコンの入力がスムーズにできることです。最新の教育課題に挑戦するときも、基礎基本を身に付けさせておくことが重要だと思いました。ちなみに、全国大会小学生部門の銅賞を受賞したのは、陰山メソッドを導入している福岡県飯塚市の上穂波小学校でした。

五　導入三年目以降の成果（平成三〇年度〜）

岐阜県は平成三〇年度から学力調査を実施しないことになりました。その代わり、本校ではＮＲＴ標準学力検査を一年から五年生まで実施しました。

上のグラフは、平成三一年一月に実施した一年生から五年生までの国語と算数の学力テストの結果です。二教科とも、全国平均を大きく上回り、どの学年もしっかりと学力を身につけていることが分かりました。

漢字習得率の全国平均は、低学年で九〇〜七〇％、高学年で六〇％程度です。この年の三月に実施した漢字百問テストと計算五〇〜百問テストは、目標を大きく上回りました。担任の指導と児童の頑張りに拍手喝采です。

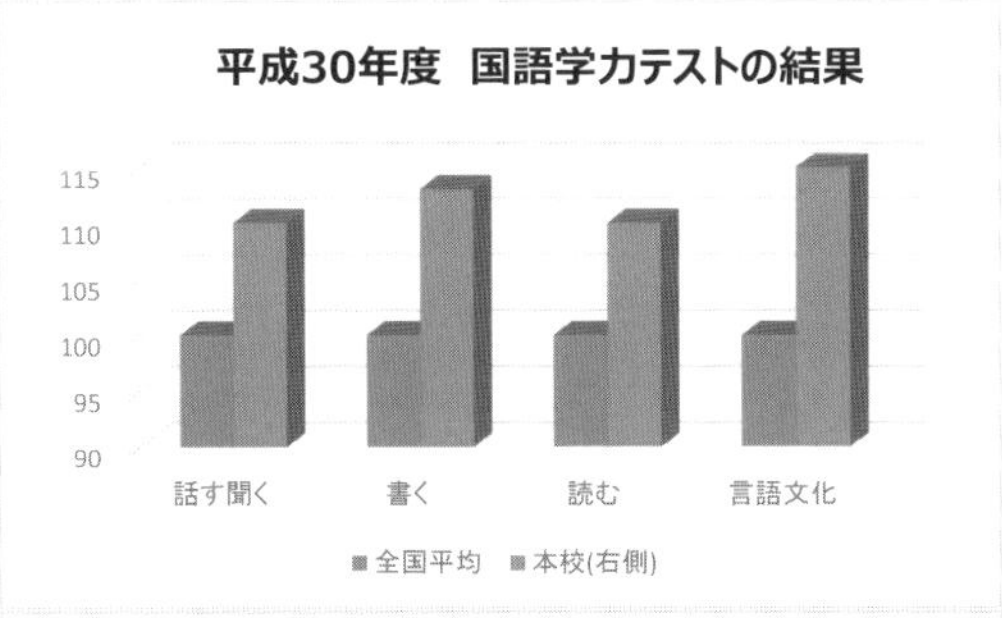

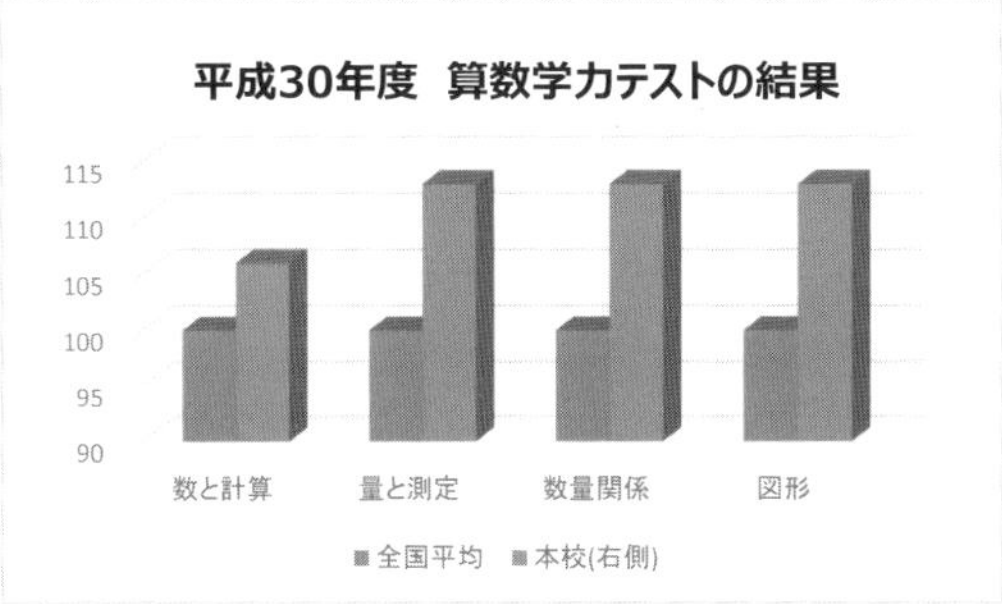

児童の遅刻回数

期　間	回　数
平成29年度	1202
平成30年度	1005
令和元年度	＊907

＊令和元年度は3月が臨時休校のため仮に前年度3月の数を加えた。

校内の怪我の発生件数

期　間	件　数
平成29年度	982
平成30年度	589
令和元年度	＊495

＊令和元年度は3月が臨時休校のため仮に前年度3月の数を加えた。

漢字の習得率

1～3年生　99％

4～6年生　95％

（平成31年3月漢字大会）

計算50～100問テスト

1～3年生　98％

4～6年生　93％

（平成31年3月計算大会）

前ページの下の表は、過去三年間の遅刻と怪我の発生件数を示したものです。年々減少傾向にあることが分かります。養護教諭がこのことに気付き、私に教えてくれました。保健室登校も激減しました。陰山メソッドは、児童の心を落ち着かせる効果もあるようです。

六　陰山メソッドから働き方改革へ

三年目からは人型ロボットPepperに加え、ロボット掃除機を取り入れました。ロボット掃除機の導入により、月曜日と木曜日の掃除をなくしました。掃き掃除はロボットが、拭き掃除は児童がします。掃除がない日は、いすを上げておけば、放課後ロボット掃除

月曜日　昼休み＋掃除時間
うめっこ班活動やうめっこ集会

本校職員の平均年休消化率

平成29年度	69%
平成30年度	75%
平成31年度	73%

ヒップホップダンスの外部講師

機がやってくれます。昼休みと掃除を合わせた時間に、縦割り遊びや児童集会を実施、木曜日はチャレンジタイムに反復学習を三〇分間行っています。反復学習の内、漢字学習やローマ字学習などは、教科の時間として計上しています。このことにより、高学年であれば、ほぼ毎日六時間授業を実施しなければならないところ、五時間授業の日を増加させることができました。陰山メソッドとロボット掃除機を導入したことで、児童の学校生活は豊かになり、教職員の働き方改革を一層推進することができました。

また、運動会の組み立て体操をやめ「ヒップホップダンス」を取り入れました。外部講師を市の予算で依頼し、二名のプロダンサーに計九回指導していただきました。高学年担任の負担が大幅に軽減され、一方でプロに指導を受けられる児童は大変喜んでいます。指導者は、アイドルKing & Princeの平野紫耀さんを指導した方です。

本校の職員は、よく働きよく休みます。年休を取ることに後ろめたさを感じる教職員が多いことから、年休消化率七〇%以上を目標に、「笑顔で教壇に立つこと。そのためにしっかりと休むこと」を教職員に呼びかけてきました。教頭と教務主任の授業の持ち時間数を減らし、補充に入り易い体制をつくるとともに、長期休業中の校内での会議と研修を厳選し、年休の取得を呼びかけています。年休を取得することの後ろめたさを取り除くことが管理職の役割であると考えています。

最後に

私は現在岐阜市立岐阜特別支援学校に勤めています。主に知的障がいのある児童生徒が通う学校です。この春入学した高等部の工業コース一年生を対象に陰山メソッドを取り入れた学習を行っています。毎朝、文豪の作品や古典の音読、百ます計算に取り組んでいます。「働き続ける人になる」を目標に取り組んでいる作業学習や就業体験によい影響が出てくることを期待しています。そんな中、一人の生徒から「将来海外で働きたい。そのために、高等学校に進学して勉強したい」と申し出がありました。本人から理由を聞くと、脳トレを通して勉強の面白さに気付き、担任教師の授業を受けて海外に強い関心をもったと言います。家族ともよく話し合い、高等学校で語学を学び、海外で働きたいと力強く語ってくれました。陰山メソッドが生徒の知的好奇心を刺激したのでしょう。自分の可能性に挑戦しようとする生徒を、これからも全力で応援していきたいと思います。

最後になりましたが、児童生徒に確かな学力を身に付けさせることのできるメソッドをご指導いただきました陰山英男先生をはじめ、先進的な実践から学ばせてくださいました飯塚市立飯塚小学校、菰田小学校の先生方に心よりお礼申し上げます。

※岐阜市では全国学力学習状況調査の結果について、学校ごとの具体的な数値の公表は控えさせていただいております。

2 陰山メソッドで子ども、教員、学校、地域を変える

大阪府大阪市立大国小学校　校長　岡田　治美

一　地域、学校の状況

私は、大学を卒業してすぐに、新規採用の教師として、この大国小学校に赴任しました。大国小学校のある地域は、当時、皮革産業がとても盛んで活気がありました。地域や子どもたちに課題は多かったものの、産業が力強く地域を牽引していた印象があります。

あれから四〇年近くの時間が経ち、校長としてこの学校に再びもどってきました。現在、皮革作業は外国からの輸入物に押されて、地域は活気を失ってしまっていました。

就学援助を受けている家庭も少なくありません。こうした生活状況も背景として、低学力の問題は深刻でした。

「何とかしなくてはいけない」という想いは、地域や学校に当然あったのですが、「子どもは元気だったら、それでいい」「この子たちは多少頑張ったところで学力は伸びないよ」と、話し合いの場でも諦めの声が出て、本格的な取り組みをしないままに流されていたのも事実です。

現実的には、若い教員が圧倒的に多く、情熱はあるのですが解決していくための「術《すべ》」を知らなかったのです。そうした中で、徒労感や諦めのようなものが、地域、学校、教員、保護者全体に漂っているように感じました。

約四〇年ぶりに大国小学校にやってきた私は、

「何とかしなくてはいけない。この状態のまま放っておくことはできない。どんな子もしっかり伸ばすことはできる」

と考え、学校変革の道筋を検討する中で陰山メソッドの導入を決断しました。

二　陰山メソッドとの出会い

大国小学校の課題は、基礎基本が身についていない子、学習に対して自信のない子が多いことです。「主体的・対話的で深い学び」はもちろん大切ですが、まずはその前に、基礎基本をしっかりと身につけ、「やればできるんだ」という自信を回復させようと、陰山メソッドの取り組みをスタートさせることにしました。

私自身は、陰山先生と年齢が近いことや、神戸の岸本裕史先生が開発された百ます計算のことは以前から知っていました。大国小学校のある地域や学校の状況を考えた時、陰山メソッドを導入することが一つの解決策であるとの考え方に辿り着くことは、自分の中では自然なものでした。

陰山メソッドには、学力向上のための取り組みの方法が具体的な形で示されています。それまでの経験の深い浅いに関わらず、全教員が実施できます。場合によっては、若い教員の方がすぐに実践できるかもしれません。若い教員が多い本校にとっては最適だと思えました。

こうした考えに基づき、陰山先生にお願いし、令和元年五月に、初めて陰山先生を本校にお迎えしました。まずは最初に講演をしていただき、陰山メソッドのめざすもの、具体的な実践方法などについてご指導いただきました。

三　大国小学校の取り組み

陰山先生に来校していただいてすぐに取り組みはスタートしました。ただ、教員間での意思一致も完全にできていない中でのスタートだったため、毎日行う学年があったり、週に数日行う学年があったりとばらつきがありました。また、「やることが多すぎる。時間の確保が難しい」といった意見も出されるなど、課題が明らかになりました。

そこで、一〇月頃からの全校での一斉導入をめざして本格的に準備を進めました。日課表を改訂して朝の時間に「グッとタイム」と名づけた帯タイムを導入し、全校一斉に同じ時間に同じ教材を使って学習を行うことをめざしました。

また、陰山メソッドの実践先進校である岐阜市立梅林小学校、倉敷市立琴浦東小学校、尾道市立土堂小学校に視察に行きました。

視察後には、校内でビデオを回覧し伝達研修会を開きました。実際に肌で感じる成果や影響はとても大きいと実感しました。

倉敷市立琴浦東小学校では、音読マスターの石橋淑子先生（まねび学園園長）を紹介していただき、その後、二度研修にお越しいただいて音読の進め方について学びました。

陰山先生には、その後さらに三回も本校にお越しいただき、示範授業や、さらに詳しい研修をしていただきました。

そうした学びを重ね、自分たちで陰山メソッドに大国小学校らしさを加えながら、本校に合った取り組みを創り上げていきました。

ポイントは次の三つです。

①データの収集、分析と共有

百ます計算と漢字は、タイムや成績を毎日把握し、週末にはデータを集約して全校で共有するようにしました。データからは、個々の伸びやつまずきと共に心の状態なども分かり、指導に生かすことができるようになります。

②リーダーによるマネジメント

管理職等が見て回り、実態に応じた助言や支援を行い、気づいたことを紙面にまとめて共有するようにしました。

③先進校視察・研修　※先述のとおり

●大国小学校の学校教育目標と研究主題

大国小学校では、令和元年度の「学校教育目標」、および「めざす学校像」「身につけさせたい力」を次のように定めました。

学校教育目標

ささえるなかま　たしかなちから　じょうぶなからだ

めざす学校像
みんなが　たのしく　すごせる学校
身につけさせたい力
・表現する力
・やりぬく力
・学び合う力
・チャレンジする力

「みんながたのしくすごせる学校」にするには、学校生活の大半を占める授業が、「みんなが　『たのしい』授業」でなくてはなりません。「みんな」とは、「一人ひとり、どの子も」という意味です。どの子にも「『できた・わかった』を実感させたい」という想いと、「自分勝手ではなく、学び合ってたのしい授業を創り上げたい」という想いが込められています。

また、「みんな」には、「先生」も含まれます。しっかりと教材研究し、先生が楽しみながら授業をすることで、学校の楽しさが子どもたちに伝わります。

大国小学校が考える「たのしい授業」とは、先の四つの力を発揮したり、高めたりする場が保障された授業をさします。したがって、この四つの力をいつも意識しながら授業を行います。

Pepper くんでプログラムの授業

ただ、学力がまだ定着していない子どもにとって、授業はなかなか楽しいものにはなりえません。そのためには、まずは、基礎基本の力をしっかり身につけて、『できた・わかった』が実感できたり、テストで点数を取れるようになったりすることで、学習の『たのしさ』を味わわせていきたいと考えました。

これまで、道徳を研究の中心に置いたり、発問・板書・評価などの指導方法の工夫に取り組みながら、基礎学力向上のための取り組みもしてきましたが、学力向上のためには、毎日の積み重ねが重要であり、さかのぼってでも基礎基本をしっかり身につけさせねばならないことに改めて気がつきました。令和元年度は、毎日の積み重ねに焦点を当て、基礎基本をしっかりと身につけ、集中力と自信をつけさせる研究・研修に大きくシフトさせました。

これまでの大国小学校の取り組みを継承しつつ、まずは「グッとタイム」や陰山メソッドに取り組むことでしっかり基礎基本の力を定着させ、その後、「表現する力」「やりぬく力」「学び合う力」「チャレンジする力」の四つの力を高め、発揮する『たのしい』授業をみんなで追求していこうと実践を重ねてきています。

●「グッとタイム」について

大国小学校では、陰山メソッドに取り組む具体的なプログラムとして、一回一五分、週五回の毎日「グッとタイム」と名づけた帯タイムをスタートさせました。

「グッとタイム」の第一の目的は、集中力を高めることです。そして、「グッとタイム」は脳を鍛えるトレーニングです。声に出して読むことで記憶力がアップし、書き取りをしながら漢字を覚えたり、単純な計算を速く解いたりすることで、脳の前頭前野が鍛えられます。そのために、スピード・テンポ・タイミングを大切にしながら、取り組んできています。

「グッとタイム」の具体的な取り組みの内容は、次のページのとおりです。

四　成果と課題

以上の取り組みは、校長である私の想いから始まったものですから、最初は教職員に戸惑いもありました。押しつけられた感をいだいていることは感じていました。ただ、「学力を伸ばしてあげたい」という想いは共通です。その想いを信じ、実践の中身の共通理解を深めていき

グッとタイム(脳トレ)マニュアル ～大国小バージョン

★スピード、テンポ、タイミングを大切に ★指示語以外話さない ★手を休める暇を与えない			
0	プリントは全て事前に配っておく(チャレンジカードを貼らせておく) 筆記用具がすぐに使える状態か確認する		
1	8:40:00～ 音読 【4 分】	※遅い子は待たず、チャイムと共に始める ①範読に続けて音読する ②自分たちで音読する ※背筋を伸ばす ※見る力・聞く力・まねる力	「姿勢」 (最初は教師が範読し、リズムをつくる)
2	8:44:00～ ます計算 【4 分】	①ます計算を行う ②できたら、手を挙げ「はいっ」と言う ③教師は一人ひとりにタイムを告げる ④タイムを記録する ※早くできたら 2 回目(下)や裏を行う ※答え合わせは、1 つ 1 つ○をつけない	「ます計算」 「3、2、1、始め」 「30 秒」…「1 分」…「1 分 30 秒」… 「5、4、3、2、1、やめ」 「答え合わせをします」 (毎回毎回答え合わせをしなくてもよい)
3	8:48:00～ 漢字 【7 分】 ～8:55:00	①上半分に練習する【3 分半】 ②テスト(下半分)をする【2 分】 ③答え合わせ&直しをする【1 分半】 ※いずれも「やめ」と言われるまでは、あいているスペースに書いて練習し続ける ※○つけも黒鉛筆でよい	「漢字練習」…「3、2、1、始め」 「5、4、3、2、1、やめ」 「テストをします」…「始め」 「5、4、3、2、1、やめ」 「答え合わせをします」…「始め」 「5、4、3、2、1、やめ」
4	ます計算のみ、記録をチャレンジカードに書く 1～4 年は、出席番号順にタイムを言っていき、教師はその場で記録する		

＊プリントの保管方法やまちがい直しの仕方(宿題)については学年裁量とする

間違えた漢字の練習を宿題にすると効果的

ながら、取り組みを進めてきました。

また、「グッとタイム」だけを行っていても、学力が向上するわけではありません。日々の学習においても、「グッとタイム」のやり方を軸とした学びのサイクルを創り上げていくことが重要です。つまずきやポイントを絞って、徹底的に繰り返すことで、どの子も「できた！」「分かった」という経験を積み、自信をつけていきます。その時のキーワードは、

・スピード　・テンポ　・タイミング　・集中　・笑顔

の五つです。自信をつけた子は自ら学んでいくようになります。このように、徹底反復により自信をつけ、学びのサイクル（循環）を創り上げていきます。

二〇一九年一二月に実施された経年調査（大阪市が実施）に取り組んだ六年生の問題への向き合い方・真剣さは、これまでと異なっていました。日常の授業でも、教室での一体感や集中力が高まり、問題行動も目に見えて少なくなってきています。

令和元年度の最後、令和二年二月から、全国の学校は予期せぬコロナ禍により臨時休校になってしまいました。家庭に長く居た子どもたちのことが心配されましたが、多くの家庭では、親子がコロナの中で必然的に一緒にいることができたことが影響して、以前よりも落ち着いた様子になり、正直ほっとしました。

六月から学校は再開しましたが、五月までの完全な休校により、「グッとタイム」の取り組

みも、正味約三か月間、完全に止まってしまいました。初年度の取り組みのまとめもできないままの突然の中断でしたので、六月以降は、ある意味「ゼロからの再出発」をせざるを得ませんでしたが、令和二年一〇月現在、取り組みは順調に進んでいます。この一〇月には、陰山先生にご来校いただき、現時点での取り組みを見ていただき、新たなご指導もいただきました。

陰山先生は、平成二〇年から二七年までの間、大阪府の教育委員、および教育委員長を務められました。しかし、陰山先生の真骨頂は子どもを伸ばすことです。その点で、やり残したことがあるというお気持ちがあると感じておりました。本校にお越しいただいたのは、そんな思いもありました。

幸い、周辺地域で本校の実践に関心を寄せていただく方も少しずつ増えてきました。私自身、学校現場で取り組みを進められる時間は、もうそんなにたくさんは残っていません。陰山メソッドを大国小学校一校の取り組みにとどめるのではなく、大阪の地に少しでも広めていきたいと考え、そのための方法を考えながら気持ちを新たにしています。

三　陰山メソッドによる学力向上の取り組み
～学校ぐるみの実践を通して

岡山県倉敷市立琴浦東小学校　前校長　荻野　雄三
（現在　岡山県倉敷市立児島小学校　校長）

一　はじめに

倉敷市は岡山県の南部に位置し、白壁の街並みが残る倉敷美観地区や本州と四国を結ぶ瀬戸大橋などで知られる人口四七・五万人の中核市です。

琴浦東小学校は、市の南東部、瀬戸内海に面した海岸沿いの開けたところにあります。現在は、児童数二六五名、一二クラスの学校です。学区は、学生服やジーンズ等、繊維産業が盛んで、コミュニティーを中心として地域の結びつきが強く、保護者や地域住民は学校に対してとても協力的です。学習ボランティア活動や登下校時の見守り活動等の様々な活動も行われています。

二　陰山メソッドとの出会い

私が校長として琴浦東小学校に赴任したのは、平成二九年です。着任して驚いたことは、教員がとても若いということでした。五〇代は校長と教頭のみで、ほとんどが二〇代、三〇代の若い教員でした。そして、大学を出たばかりの教員も四人いました。若い教員の中には、教科指導や学級経営等に不安をもつ者もいました。

また、学力の状況を見ると、平成二八年度の全国学力・学習状況調査では、国語・算数ともにA問題で全国平均を下回るなど、基礎学力の定着に課題がありました。子どもたちの学力を上げること、若い教員が自信をもって指導できるようにすることが、琴浦東小学校の喫緊の課題でした。

私は担任時代には、百ます計算を実践したり、土堂小学校に見学に行ったりと、陰山先生の実践には以前から興味をもっていました。そんな時、陰山先生の講演会が開催されることを知り、教員にも声を掛け、講演会に出かけました。「常識を破って子どもを伸ばそう」という先生の話は、とても衝撃的でした。

「よし、陰山メソッドでいこう！」と、その時、私は腹をくくりました。翌日、教頭にその旨を伝え、導入に向けて動き始めました。

まず、取り組んだことは、先進校への視察です。全国の先進校を訪問し、指導方法等を教職員で共有しました。また、ＰＴＡ会長やＰＴＡの役員に陰山メソッドを導入することを話し、理解を得ました。

実際に陰山メソッドを導入した徹底反復学習を始めたのは、平成二九年の三学期からです。平成三〇年度からは、倉敷市教育委員会指定「基礎・基本定着モデル授業」に手を挙げ、全職員でベクトルをそろえ、学校ぐるみで実践に取り組みました。

三　取り組みの実際

琴浦東小学校では、朝の一五分間を徹底反復学習の時間（スキルタイム）にあてています。「スピード・テンポ・タイミング」を大切にした指導を行い、子どもたちは、一五分間集中して取り組みます。

【スキルタイムの内容】

①音読…古典の名文等の音読・暗唱をします。「徹底反復音読プリント」（小学館）を活用して行います。（約五分）

②計算…百ます計算や百割計算などを行います。（約三分から四分）

③漢字…「○年生の漢字」（小学館）を利用したユニットプリントに取り組みます。なぞり書きをした後、即、テストをします。（約六分から七分）

なお、漢字指導は、五月の連休前後までに前倒しして指導するようにしています。

【スキルタイムのねらい】

①脳の活性化と集中力の育成を図る。

②盤石な基礎学力の育成を図る。

特に、脳の高機能化を図り、子どもたちの集中力を高めることに重点を置いて取り組んでいます。

【スキルタイムの指導体制の構築】

徹底反復学習の取り組みは、「学校ぐるみ・学校全体」で取り組んでこそ大きな効果があります。学校ぐるみの取り組みにするために、次の点に留意して行いました。

①指導体制の整備

(ア)人・組織…学力向上コーディネーターを指名し、その教員が中心となり、モデル授業を提案したり、実践を推進したりするなど、校内の推進体制を整備しました。また、学力向上委員会を設け、徹底反復学習の取り組みや琴浦東小学校の学力向上の状況について検証・改善していくようにしました。

(イ)教材…特別な指導方法である陰山メソッドでは、使用する教材はとても重要です。そこで、教材やテスト等を校内で統一しました。また、職員室前にプリントを入れる棚を整備し、プリントやカードなどを常時保管し、いつでも使えるようにしました。

(ウ)研修…陰山英男先生や音読指導の石橋淑子先生（まねび学園）、運筆指導の前田昌彦先生（児童かきかた研究所師範）など、全国区で活躍されている先生から何回も指導を受け、教員の指導力の向上を図りました。

②管理職の見守り・支援

ベクトルをそろえた学校ぐるみの取り組みにしていくために、毎朝、校長や教頭がクラスを見回り、気づいたことはその都度、指導するようにしました。また、スキルタイムの時間に、管理職をはじめ、全ての教員が教室に入り、漢字の丸付けや個別の支援等も行いました。組織として学校ぐるみで子どもを伸ばすことを心掛けました。

③積極的な先進校視察

先進校に行き、実際に目で見て、スピードを感じることはとても大切です。実践を始めるにあたり、多くの先進校を視察し、実践の方向性について共通理解を図りました。視察させていただいた学校は次の通りです。

飯塚市立飯塚小学校・飯塚市立菰田小学校・飯塚市立飯塚東小学校・鞍手町立西川小学校・田川市立伊田小学校・田川市立鎮西小学校・尾道市立土堂小学校・岐阜市立梅林小学校・高梁市立有漢西小学校・新見市立上市小学校

中でも、石井幸子校長先生の学校（飯塚小学校・菰田小学校）には、四回にわたって訪問させていただき、指導を受けました。感謝申し上げます。

④結果を数値で共有

校長室だより

風の散歩みち

倉敷市立琴浦東小学校

平成３０年４月２３日　　第２号

学校教育目標

健やかな体と豊かな心をもち，主体的に学び合う子どもを育てる
～やさしく・かしこく・たくましく～

新緑が鮮やかな良い季節となってまいりました。新学期が始まって，約２週間が過ぎようとしています。新１年生４０名を迎え，全校児童２７９名で平成３０年度をスタートしました。上記の学校教育目標の下，一人ひとりの子どもが自分の力を発揮し，「伸びた」「分かった」と実感でき，充実した楽しい学校生活が送れるように，教職員一同，力を合わせて取り組んでいきます。どうぞ，よろしくお願いします。

徹底反復学習の取組について

本年度，琴浦東小学校では，倉敷市教育委員会より「基礎基本定着モデル事業」の実践校として研究指定をいただき，子どもたちの基礎学力の向上や基本的な生活習慣の定着に努めていきます。主に，次の３点に重点を置いて，教育活動を推進していきます。

① 家庭と連携を図りながら，「早寝・早起き・朝ごはん」を基盤とする基本的な生活習慣の定着をめざします。
② 「音読・計算・漢字」の徹底反復学習を行い，基礎学力の向上，及び，集中力や脳の活性化を図ります。
③ 子どもたちが「伸びた」「分かった」と実感するように授業改善を行い（国語科を中心に），子どもたちに確かな学力を身に付けます。

②の徹底反復学習は，１月から本校で行っている取組です。今回の研究指定の肝になります。

徹底反復学習は，朝の８時１５分から８時３０分までの１５分間行います。全校で<音読・計算・漢字>の取組を行います。いずれの学習も，スピード・テンポ・タイミングを大切にします。これらの学習を行うことで，子どもたちに圧倒的な集中力が身に付きます。そして，脳全体が活性化します。「脳の筋力トレーニング」です。いわば，「脳にスイッチが入り，勉強できる状態になる。」と思っていただくとよいと思います。

さて，この取組ですが，月曜日以外は（特別な日以外を除いて）毎日行います。そして，その日にした計算や漢字プリントの裏側が宿題になります。基本的に，漢字は１週間，計算は２～３週間同じプリントを繰り返し行います。繰り返すことで，定着し，スピードも上がってきます。音読も，そのうち覚えてしまうと思います。

今までと大きく学習の仕方が異なるのが，漢字の学習です。今までは，漢字は国語の教科書に出てくる漢字をその都度学習していました。しかし，今年度は，５月の中旬までに１年間で学習するすべての漢字を習います。その時点で,覚えられなくてもＯＫです。繰り返し，繰り返し学習することで定着していきます。

徹底反復学習（スキルタイム）の取組は，４月２７日の参観日でも公開いたします。是非，参観ください。よろしくお願いします。

校長室だより

風の散歩みち

倉敷市立琴浦東小学校

令和元年５月１４日　第３号

学校教育目標

健やかな体と豊かな心をもち，主体的に学び合う子どもを育てる
～やさしく・かしこく・たくましく～

５月の風にそよぐ緑の木々がなんとも言えぬ美しさを見せる時節を迎え，保護者の皆様にはますますご清栄のこととお喜び申し上げます。早いもので，１学期が始まってからもう１か月が過ぎました。子どもたちは新しい学級，新しい先生，そして，新しい友達にすっかり慣れ，毎日明るく元気に頑張っています。きっとこれから１年間，すばらしい子どもたちに成長してくれるものと楽しみにしています。今月も，ご支援・ご協力の程，よろしくお願いいたします。

漢字の徹底反復学習について

本年度も琴浦東小学校では，朝の１５分間を「音読・計算・漢字」の徹底反復学習（陰山メソッド）の時間にあて，子どもたちの**脳の活性化と集中力の育成**を図っていきます。

今年，スキルタイムの漢字学習の仕方を少し変更しました。朝のスキルタイムでの漢字学習の大まかな流れをご紹介します。

①「漢字の読みプリント」を丁寧になぞる。【練習です】（２～３分）
丁寧になぞりながら，漢字を覚えます。
早くすんだ場合は，空いているところに，漢字を練習します。

②「漢字の書き取りプリント」をします。【テストです】
テストで間違えた漢字は，３回練習します。（宿題プリントの裏に）
また，早くすんだ児童は，他の漢字プリントに取り組みます。
※１つのユニットプリントは１週間続けて練習します。

漢字は，何回も書けば覚えられるというものではありません。**目的をもって書くこと**（「書けなかった漢字，間違えた漢字」をきちんと意識させ，漢字の練習に取り組ませること）が大切です。

重要なのは，「速く書く」ということ。ある程度のスピードで書かなくてはいけません。ゆっくり書いていたのでは，脳は漢字を覚えようとしません。また，**汚い字でもだめ**です。**速く正しくきれいに書く**ことを意識することが大切です。子どもたちには，このことを繰り返し声かけし，意識して練習させていきたいと思います。

また，今年は，漢字のドリルを「〇年生の漢字」（小学館）に変更しました。この新しいドリルは，熟語の練習もできるように構成されています。漢字を覚えるだけでなく，漢字を使った語彙（言葉）の習得をもねらいとしているのがこのドリルの売りです。

あらゆる学習の基本は，文を読みこなすことにあり，その土台は，語彙の習得にあります。そのため，本校では，漢字を学習し終えた後，学習した漢字を使った熟語の練習にも本年度は力を入れていきます。ドリルで熟語の練習をしながら，その意味や活用を学習し，語彙をより広げていくようにします。

なお，熟語の本格的な練習は，２学期以降になります。（１年生の漢字指導は，２学期からです。）

漢字の習得率や計算の通過率、単元テストや学力テストのデータなどを全教員で共有しました。そして、そのデータを学力向上委員会で検証し、より高みへと工夫・改善を図りました。

⑤保護者や地域への啓発

学校だより、ＰＴＡ総会やＰＴＡ役員会、地域の集まりなどで、琴浦東小学校の取り組みを紹介しました。また、保護者等を対象として陰山先生の講演会を実施し、取り組みについて理解を深めてもらいました。

四　成果

陰山メソッドを取り入れてから二年。次のような成果が見られました。

○学力が毎年向上し、全国学力・学習状況調査（六年）や岡山県学力・学習状況調査（三年から五年）において、どの学年も県・全国平均を大きく上回りました。

○子どもたちの計算力や漢字力が伸びました。算数科では、計算が速くできるようになり、授業が速く進み、復習の時間を十分に確保することができました。国語科では、初見の漢字五〇問テストでも、八割から九割以上の定着率へと高まりました。

○特別支援学級においても、大きな成果がありました。

学年当初、なかなか漢字が覚えられなかった子どもが、「〇年生の漢字」ドリルを使い、ユニット練習を反復するうちに、満点をとるという状況がうまれました。「走れメロス」や「蜘蛛の糸」など、六〇〇字程度の文章でも暗唱し、堂々と音読することもできるようになりました。地区のなかよし発表会でも、「平家物語」や「坊ちゃん」などの文章を覚えて、立派に発表し、多くの方から拍手喝采をいただきました。子どもたちにとっても大きな自信になりました。

○この取り組みで培われた集中力が、行事や学校生活の中でも見られるようになりました。例えば、四年生が参加した山の学習では、想定された半分の時間で活動を終えることができ、少年自然の家の先生方からほめていただきました。陰山メソッドの導入により、子どもたちの集中力や学習能力が高まり、行事や学校生活の場面でも、短い時間で効率的に行動することができるようになってきたことは、大きな成果です。

五　終わりに

先日、山陽放送テレビから取材を受けました。「あなたの学校の自慢は何ですか？」という質問に、「学校の自慢は、スキルタイム（徹底反復学習）です」と胸を張り、自信をもって答えている子どもたちの姿を見て、私は、この実践を続けてきてよかったと実感しました。「この実践を進めれば、子どもは必ず伸びる。みんなで信じて取り組もう！」と、全職員で共通理解して取り組んだ結果、子どもたちの集中力と学力を確実に高めることができました。これからも、ベクトルをそろえ、学校ぐるみの実践を推進し、学力が伸びる学校づくりに努めていきたいと思います。

四　低学力は学校ぐるみで克服できる

岡山県高梁市立有漢西小学校　校長　本倉　弘美

一　地域、学校の状況

本校は岡山県の中部、高梁市の北東部に位置し、豊かな自然に恵まれた環境にある小規模校である。明治の終わりから昭和の初めにかけては、有漢教員養成所が設置され、全国から教員を志す若人が集っていた文化的にも豊かな地域である。

児童数は六〇名で、各学年一学級と特別支援学級の計七学級である。児童は明るく素直で、どんな活動にもまじめに取り組んでいる。また、保護者や地域の方も学校に協力的で教育にも熱心である。反面、学区内には、コンビニはもちろん、学習塾等もない。子どもたちはのどかな山間で、日々平和に過ごしているが、学習環境的に十分な条件が整っているとはいえない。

二　陰山メソッドとの出会い

有漢西小学校の前校長、金尾恭士校長は、平成二七年に本校に赴任した。当時の有漢西小学校は、低学力が課題であり、学力テストの結果は高梁市の平均をかなり下回っていた。特に低学力の児童が多く、学習の定着も不十分で、学習に対する意欲も低かった。

また、不登校児の多さにも課題があった。小規模校ながら欠席数の多い児童が複数人いて、改善が難しい状態であった。欠席による学習の遅れも、学力低下、不登校に拍車をかけていた。

そのような実態のさなか、金尾校長がテレビ番組で偶然陰山先生の放送を見かけ、「これだ」と思ったと聞いている。金尾校長がさっそく陰山先生の事務所を訪れ、最初は断られたにも関わらず、粘り強く交渉をした結果、陰山先生が有漢西小の授業改善に手を貸してくださることになった。こうして、平成二八年一月より、陰山メソッドが本格始動をすることとなった。

私が赴任したのは、陰山メソッドが始まって一年三か月たった平成二九年度であった。児童にはすでに朝の学習パターンは身についており、活動は軌道に乗ってきた状態であった。しかし、支援を要する児童は依然として多く、取り組みの成果はまだ検証できていなかった。また、取り組みに対する職員間の温度差や能力差が感じられ、学校全体で取り組んでいくことにはたくさんの課題があった。

そのような状態で引き継いだ活動であったが、毎朝一生懸命活動に取り組む子どもたちを伸ばしてやり、取り組みの成果を見極めたいと考え、継続することを決心した。そしてより一層の改善をして取り組んでいこうと考え、陰山メソッドの改革に取り組むことにした。

三　取り組みの実際

①児童の学習活動について

ア・モジュール学習

本校の陰山メソッドの主な活動は、週四日の朝のモジュール学習である。朝の一五分間で、音読・百ます・漢字学習に取り組んでいる。また、一～四年生は月曜日の一時間目をロングモジュール学習の時間とし、朝の活動内容に加えて、聞き取り問題やフラッシュ学習等に取り組んでいる。五、六年生は週三回、昼の一〇分間を使って、同様の学習を行っている。

イ・漢字前倒し学習の前倒し

陰山メソッドを継続した結果、漢字の定着が早くなったため、平成三〇年度末より、次の学年の漢字を学習することに取り組んでいる。学年初めに全て学習するのが「前倒し」なら、「前倒し学習の前倒し」である。学年末の二月中旬頃から、次学年のドリルを購入し、朝のモジュールの時間を使って、学年末までに全漢字を一通り習得する。これにより、新学年に入ってからは、すぐに当該学年の漢字学習に取り組むことができ、より効率的に漢字学習を進めることができるようになった。

ウ．集中力を生かした「速習」

朝のモジュール学習により、計算等が速くなり、読解力・集中力が高まってきたことを生かし、時間を短縮して「集中速習」を進めることができるようになってきている。この取り組みはまだ研究中であるが、六年生は今年度二学期中に一年間の算数の学習内容を終える見通しが見えてきた。また、二年生も、一学期から九九に取り組んでおり、九九が始まる一〇月頃に、すでに一の段から九の段の百ますを二分以内でできる児童が大部分となった。速習によって余裕ができた時間に、個々に応じた学習をすることができ、速習の効果を感じつつある。

エ．低学年の基礎づくり

先進校視察をしていく中で、ＭＩＭ（多層指導モデル）を使って低学年のうちに語彙力を鍛える取り組みを知り、平成三〇年度より一年生に導入している。導入して三年目となり、主に月曜日のロングモジュールの時間を使って、継続的な取り組みができるようになった。児童の言語力の実態を把握し、語彙力を伸ばす取り組みとして有効にはたらいていると考える。

②職員の研修と育成、組織としての取り組みについて

ア．職員研修と共通理解

陰山メソッドを継続するにあたり、毎年の人事異動は避けられない。本校も取り組みに最初

から関わっていた職員は全て異動し、毎年担任の半数が入れ替わっている。

　年度当初、まずは職員研修から始める。初めに校長から活動のねらいや意義について知らせ、活動内容について共通理解ができるようにする。また、朝の活動については、この三年でマニュアル化を進めており、詳しい指導内容が分かるようになっている。これにより大学を出たばかりの教員でも、効果的な指導を行うことができ、指導の均一化ができている。さらに、管理職が毎日参観し、細かい点をその都度修正していくことや、活動上の課題を毎月職員で話し合うことで、安定した活動が維持できるようにしている。

イ．担任交流

　職員が共通の意識をもって進めていくため、年二回「担任交流週間」を設けている。それぞれの担任が他の学年に入って指導をすることで、児童も教員も新しい発見があり、活動の見直しができる機会となっている。職員が一丸となって取り組む意識も向上している。

ウ．職員全員の先進校視察

　本年度はコロナウイルスの関係で行えていないが、校長が先進校に連絡をとり、毎年全職員を派遣して研修させるようにしている。それぞれの職員は目的意識をもって視察をし、毎年新しい取り組みを持ち帰ったり、他校の取り組みを見て学習したりするなど、校内研修ではできない研修を経験することで、本校の取り組みに一層熱意をもって取り組んでいる。

エ．学力・成果の共有

朝の活動については、百ますのタイムや漢字テストの成績を管理職が管理し、結果だけでなく記録の伸びを全職員に知らせるようにしている。特に、記録の伸びにこだわり、個々の成果を確実に児童に返すことで、さらに自信をもって取り組むことができている。このように全職員での共通理解の下に指導を進めていくことが、全体の学力アップにつながっている。

四　成果と課題

①モジュール学習の成果

陰山メソッドを継続していくことで、計算力・漢字の習得能力は確実に上がっている。百ます計算に関しては、昨年度末には、ほぼ全員の児童が二分半以内にたし算・ひき算・かけ算の百問を解くことができるようになっている。（高学年に関しては全員がほぼ一分半以内）また、継続して取り組むことにより、同じ計算

（図１）

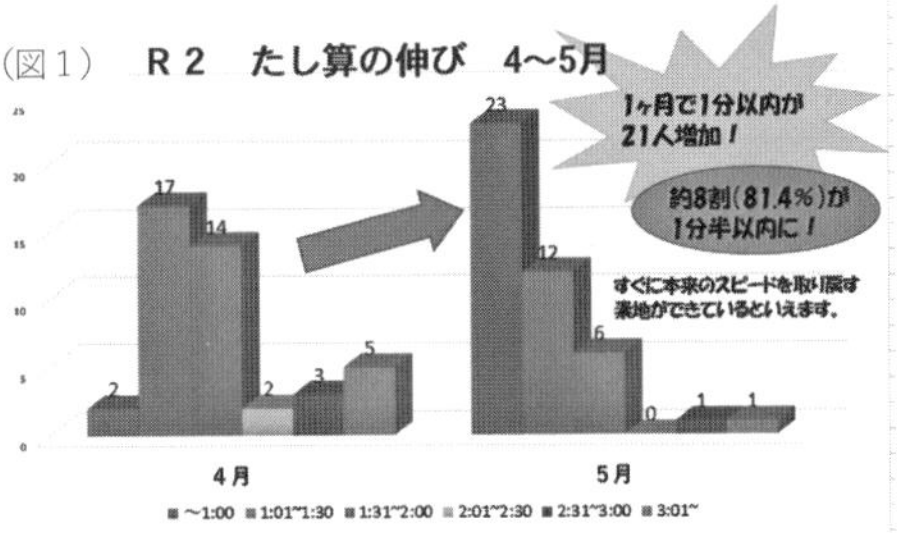

（図２）

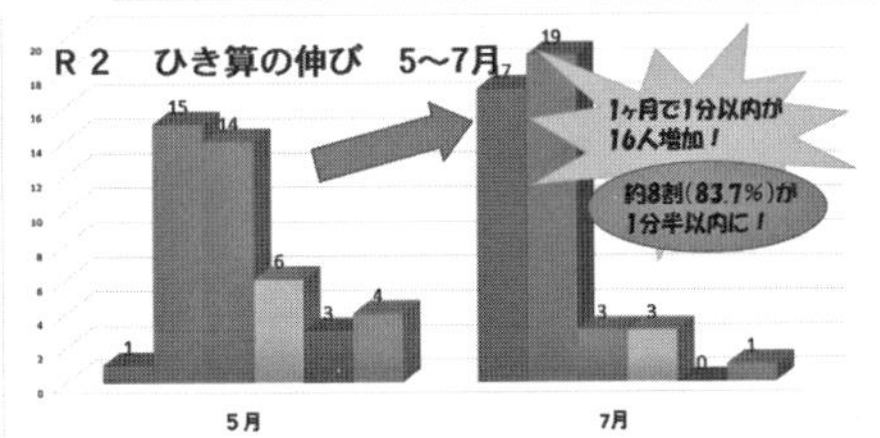

を三週間取り組めば、本来のスピードがすぐに取り戻せるようになっている。（図1、2）また、計算力は普段の授業にも反映し、学習がテンポよく進むため、個に応じた問題を解く時間が確保できるようになっている。

漢字に関しても、一月の校内漢字検定でほとんどの児童が九割以上を達成している。校内で取り組んでいる公式の漢字検定でも、多くの児童が受験し、ほぼ全員が合格している。

漢字の読み書きの向上は、様々な学習にもよい影響を及ぼしている。どの学年の児童も習った漢字を作文などに適切に使って書くことができるようになった。また、次学年の漢字に興味を示し、自主的に練習する児童も見られるようになった。同時に、読解力もつき、成績の伸びも見られた。

②不登校児の減少

陰山メソッドを続けていくうち、不登校の傾向が少しずつ改善してきた。実施前は、朝の活動が苦痛になり、登校が困難になるのではないかと危惧した保護者もあったと聞いたが、結果は逆であった。現在も、朝の活動には全員意欲的に取り組んでいて、令和元年度から不登校児は○名になっている。

不登校児の欠席数の推移　（図3）

	A児（男子）	B児（女子）
H28	44	56
H29	21	22
H30	16	17

全国・岡山県　学力調査の結果（　）内は全国平均との差　　(図4)

なお，Ｒ２の６年生の数値は自校採点し，昨年度の正式な結果との違いを勘案した数値。
全国との比較は昨年度の全国平均と比べている。

	小３		小４		小５		小６			
	国語	算数	国語	算数	国語	算数	国語Ａ	国語Ｂ	算数Ａ	算数Ｂ
H29	75.6(-4.7)	82.8(+6.1)	65.4(-5.7)	61.7(-15.7)	66.4(-9.7)	66.1(-6.4)	72.6(-2.0)	66.6(+8.9)	78.0(-0.6)	44.5(-1.8)
H30	90.5(+14.7)	85.1(+10.7)	76.1(+6.5)	83.8(+7.4)	74.8(+1.9)	61.6(-3.2)	62(-8.7)	54(-11.7)	43(-9.5)	43(-8.5)
R1	80.7(+7.0)	81.7(+7.3)	84.5(+16.4)	83.7(+9.1)	87.0(+13.2	81.7(+14.4	71(+7.2)		59(-7.6)	
R2(暫定値)	83.3(+9.6)	85.3(+10.8)	73.9(+5.8)	83.3(+8.7)	81.8(+8.0)	72.1(+4.8)	79.3(+14.5)		84.5(+17.9)	
	１年生より陰山メソッド導入						１年３学期より陰山メソッド導入			

③学力テストの伸び

陰山メソッドを始めて三年が過ぎた令和元年度の全国・岡山県の学力調査では、対象の三～六年生のうち、六年生の算数以外は全国平均を大きく上回った。また、令和二年度の学力調査では、自校採点ではあるが、三～六年生の全学年全教科で全国平均を上回る成績が期待できる。

現在の六年生は、一年生の三学期から陰山メソッドを取り入れており、その成果を見極める上でも、令和二年度の結果はとても重要だと考えていた。実際、三年生の時の県のテストでは、国語は全国平均を下回っていたが、五、六年生では、国語算数ともに驚くべき成績の伸びを見せている。また、令和元年度の六年生も、四年生の時には国語算数ともに極端に低い成績であったが、六年生ではかなりの改善を見せている。（図４）どの学年にも学習に支援が必要な児童はいるものの、全体の学力向上は確実に進んでいることが証明できたと言え、年数をかけて積み上げてきたことが成果として表れていることを実感して

平成28年度～平成29年度の6年生の伸び　（図５）

国語　　( )内は全国平均との差

	H28ＮＲＴ正答率		H29 学テA	H29 学テB
A児	33.3		86.7(+11.9)	66.7(+9.2)
B児	50.8		73.3(-1.5)	100.0(+42.5)

算数

	H28ＮＲＴ正答率		H29 学テA	H29 学テB
A児	75.4		93.3(+14.7)	63.6(+17.7)
B児	68.1		80.0(+1.4)	45.5(-0.4)

いる。

※グレーで塗られた部分が全国平均を上回っている部分。令和二年度は全学年が上回った。

④低学力児の伸び

陰山メソッドの導入により、学校全体の伸びも著しいものがあったが、個々に分析をすると低学力の児童の驚くべき伸びが明らかになった。

ア．取り組み当初の伸び

陰山メソッドを始めたばかりの平成二八年度の五年生の成績と、翌年平成二九年度の六年生の成績を比べると、わずか一年間ではあるが、大きな伸びが感じられた。陰山メソッドに取り組むことで、短期間に集中力が養われたことが成績に表れている。（図５）

イ．継続することで起こる低学力児の変化

陰山メソッドに取り組んで五年目を迎えるにあたり、低学年から取り組んだ児童にどのような学力の伸びがあるかを検証し

てみた。

C児は、平成二八年（三年生）のNRT調査では、国語の正答率は五九・四、算数の正答率は四四・一。特に算数はクラスで最下位、しかも、他の児童との差は二〇点以上あった。

しかし、この児童の四年生からの成績を調べると、驚くべき伸びがあることが分かった。

四年生の時は、まだ改善が見られなかったものの、高学年になり、成績が徐々に伸び始め、六年生の全国学力テストでは、国語算数共に全国平均を上回る成績をあげるようになったのである。低学年から地道に取り組んできた成果に本当に驚いている。（図6）

また、D児は、二年生の時のNRT調査の正答率は、国語四五・五、算数五四・四といずれも学級最下位で、「アンダーアチーバー」と判定されたが、六年生の学力テストでは、大きく平均を上回っている。

この学年は、一年生の三学期より陰山メソッドを導入している。低学年から継続して取り組むことで学力の伸びが保障されることが証明された。（図7）

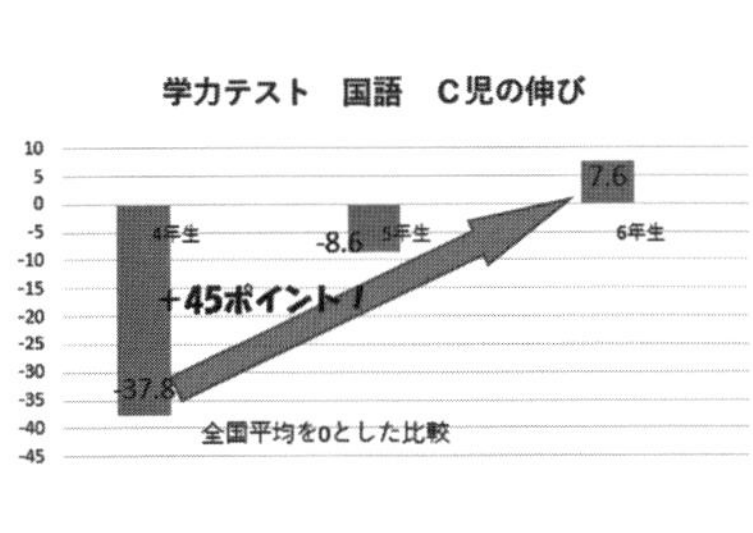

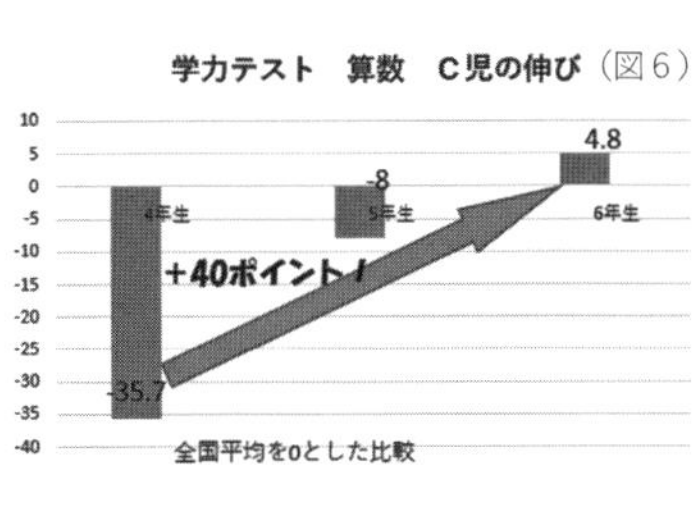

（図6）

このほかにも、昨年度卒業したE児は、低学年の時には落ち着きがなく、発達障害の診断を受けていたが、学年が上がるごとに成績も伸び、六年生の全国学力テストでは国語で一〇ポイント、算数で五ポイント以上全国平均を上回った。また、身につけた集中力で自主学習に取り組み、高校レベルの歴史学習に取り組むまでになり、大学の共通テストにも挑戦していた。

これらの事実から、陰山メソッドを低学年より取り入れ、学校で指導の均一化を図りながら継続していくことで、児童の学力や学びに向かう力を確実に伸ばしていけることを実感することができた。

⑤今後の課題

陰山メソッドに取り組むことで、児童の学力や集中力の向上をめざし、学校ぐるみで改善を繰り返しながら一定の成果をあげることができたと感じているが、本当の継続の難しさが今後の課題となっている。

まず一つめは、活動のさらなる工夫と推進である。陰山メソッドの次なるステップである集中速習について、いかに工夫し、今以上

（図７）

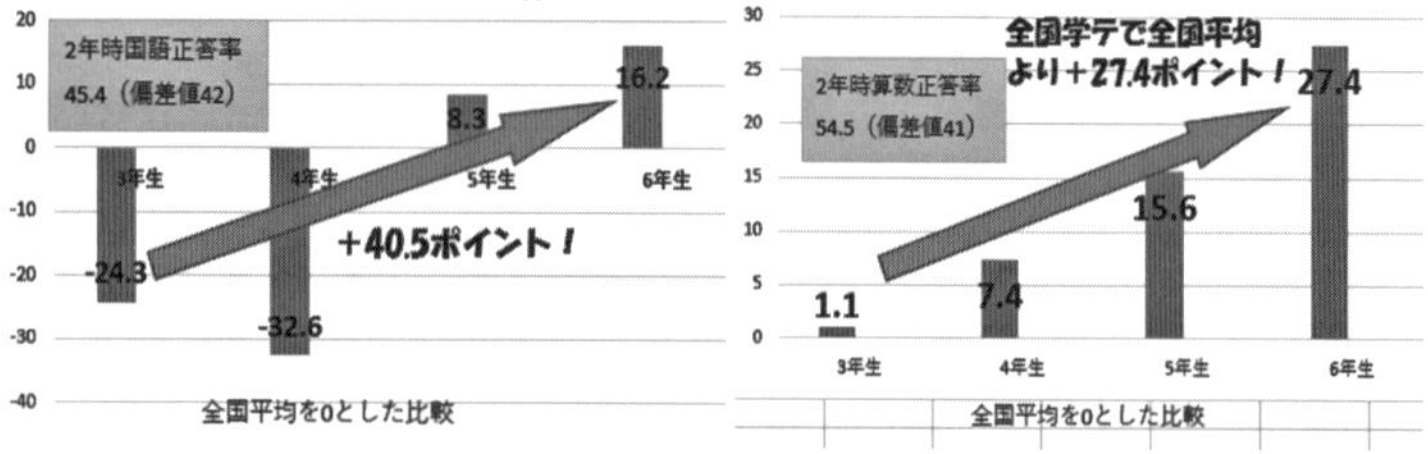

に取り入れていくかについて、これから研修を深めていかなければならない。活動が長くなるほど、マンネリ化も懸念される。日常の活動についても、気を緩めることなく職員一同で取り組んでいきたい。

二つめの課題は、児童の実態の変容である。入学予定児童の中にも、特別な支援が必要な児童がどんどん増加している。学習が困難な児童を多く抱えた状態で、今までの取り組みをどのように継続していくかが問題である。今以上に教職員全員で児童の実態を見取り、実態に合った形で取り組んでいく必要がある。

三つめは、職員の異動である。現在取り組んでいる内容について、引き継ぐこと、残していくことを分かりやすく整理し、次につなげていくことが必要である。今まで職員で積み上げたものが同じレベルで継続できるよう、現在の本校の職員で先を見越した準備を考えておかなければならない。

陰山メソッドを中心とした学校ぐるみでの学力向上の取り組みは、保護者や地域からもよい評価をいただいている。学校の力は、児童の学力や集中力、そして将来の目標にも及ぶ大きな力である。これからを生きる子どものためにも、学校力を信じて今後の児童の成長を見守りたい。

五　西川タイム・ドリルタイムを通した基礎・基本定着のための取り組み

福岡県鞍手町立西川小学校　教諭　次原　登美

一　地域・学校の状況

福岡県鞍手郡鞍手町立西川小学校のある鞍手町の現在の人口は約一万六千人。米、ぶどう、苺等の農業が盛んな町です。小学校は町に六校あります。かつては、炭鉱が栄え、西川小学校の児童数も昭和三二年には四九三人いましたが、閉山に伴い児童数は少しずつ減少し、現在は、八六名です。

二　陰山メソッドとの出会い

平成二三年度、西川小学校児童の単元テスト平均八〇点以上の割合は、国語六七・四％、算数六九・四％で、非常に厳しい学力の実態がありました。そこで、月に一回（一単位時間）復習プリントを実施したり、帯の時間をつくって、レディネスをそろえるプリントをさせる時間を取ったりと、教育効果のある取り組みを模索していました。

そのような中、平成二四年一月、陰山英男先生の講演会に参加し、「これだ！もっと話が聴きたい」と広島県土堂小学校を訪問し、陰山メソッドと出会ったのです。そこで見た子どもたちの懸命な姿に衝撃を受けました。早速、職員研修で土堂小学校のビデオ（陰山メソッドに取り組む様子）や科学的な裏付け「簡単な計算や音読が脳全体を活性化させる（東北大学・川島隆太先生）」こと等の共通理解を全職員で図りました。

「今必要なのは、復習プリント等を行って定着を図ることではないのか」

「科学的な裏付けがあるとはいえ、日常の学習の定着で精一杯である」

　等の反対意見もある中、何度も何度も話し合いを重ね、

「このままでは変わらない。とにかくみんなでやってみよう」

と決め、学校総体としての取り組みを開始したのです。それから八年が経過し、教職員の異動でメンバーが入れ替わってはいますが、現在もその取り組みを継続しています。

三　取り組みの実際

　取り組みの具体的な内容として、次の五点について、紹介いたします。

一点めは、「計算（百ます計算・百割計算）」の取り組みです。

「計算」の取り組みでは、同じ問題を徹底反復することで、計算力の向上とともに、達成感をもたせやすくしています。タイムを記録する表を活用しながら、子どもたち一人ひとりに、伸

びや変容が感じられるようにしています。また、計算力に差があるため、プリントを両面印刷して、早く終わった児童は、裏の問題や、日にち足し算や引き算をするようにして、空白の時間（待ちの時間）をつくらないように努めています。子どもたちは、少しでも記録を伸ばそうと意欲的に取り組んでいます。

「計算」を進める時には、教師の勢いのある「用意→始め」の合図で、すぐに取りかかれるようにしています。使用する計算プリントは、事前に子どもたちが机上に準備しておきます。全問解いた児童には、「はい」と返事をさせ、その都度、教師がタイムを読み上げていくようにしています。児童は、プリントにタイムを記録し、すぐに裏の問題にとりかかります。三分たったら終了し、教師がテンポよく答えを言いながら、児童に○つけをさせています。そして、間を開けずに次の活動に入ります。

二点めは、「音読」の取り組みです。

音読の取り組みでは、陰山先生監修の「徹底反復音読プリント集」を活用しています。毎月の音読教材を全校で統一し、取り組みを進めています。低学年でも、内容の難しい教材に

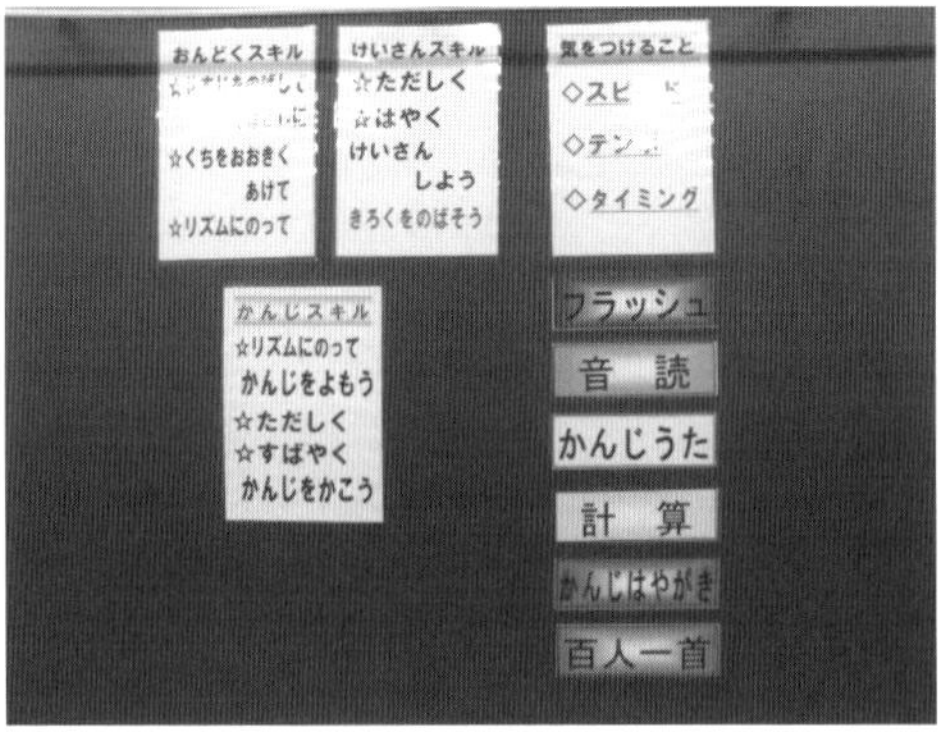

チャレンジすることになりますが、練習を重ねるうちに覚えていきます。また、各学級においては、共通教材にプラスして、それぞれの学年に応じた教材を選定して、音読に取り組んでいます。音読では、特に「テンポよく」「リズムよく」ということを重視して取り組み、口の開け方や姿勢も気をつけさせています。それぞれの活動のめあてを意識づけるために、「めあてカード」も活用しています。

「音読」を進める時には、一人の児童が「タイトル」を言ったり、「構え」などの合図を言ったりして始まります。テンポよく音読させるために、教師は、カスタネットや拍子木を活用し、リズムをとっていきます。リズムがあると、暗唱しやすくなるようです。教師が意識して、だんだんスピードを上げていくと子どもたちの頭も高速回転し、集中が高まります。

計算プリントにチャレンジしている様子

三点めは、「漢字」の取り組みです。

漢字の取り組みは、主に、三つのことを中心に行っています。

一つめの取り組みは「漢字前倒し指導」を行っているということです。一〜六年生までは、一年間に習う漢字を、一学期の国語の最初の時間やドリルタイムの時間等を使って、指導を行うようにしています。一年生については、ひらがな、カタカナがありますので、一一月をめどに新出漢字を全部指導するようにしています。その後、繰り返し練習をしながら、漢字の習得率を上げていくように努めています。

二つめの取り組みは、全漢字ドリルに付属している「漢字歌」を使って、新出漢字を使った文をリズムよく練習しています。

三つめの取り組みは、漢字ドリルの「たしかめプリント」を使って、「漢字速書き」をしています。漢字プリントに確かめの練習することを「漢字速書き」と言うネーミングにしているのは、素早く思い出させることを重視しているからです。文字が雑になりがちな傾向も見られますので、丁寧に書くように声をかけています。素早く思い出すことを重視していますので、三分程度の時間制限をして取り組ませるようにしています。書いた後は、その場で◯つけをし、間違った漢字は時間内に練習をさせます。現在は「ひらめき漢字」というネーミングにしています。三秒考えて

音読や暗唱をしている様子

ひらめかなかったら後回しにさせています（内容は変えていません）。

「漢字歌」の進め方では、全漢字ドリルを用意しておきます。最初は、教師が範読し、児童が追いかけて音読していますが、慣れてくれば一人ひとりに順番に音読させ、そのあとを全員で音読したりしたりしています。次々に順番が回ってくるので、気を緩めることはできません。音読をする時には、カスタネット等でリズムをつくり、リズムに合わせて音読しています。リズムに合わせることは、子どもたちにとって心地よいようで、漢字がすらすら読めるようになっていきます。

四点めは、「百人一首」の取り組みです。

百人一首は、二〇首ずつ二か月サイクルで覚える練習をしたり、カルタ大会をしたりしています。カルタ大会は、週一回実施している「西川タイム」の時に、近接学年で行っています。三学期には、「全校百人一首大会」を行っています。全校で行う時には、縦割りグループ対抗戦にしています。モチベーションを上げるために近接学年同士を対戦させ、それぞれの近接学年で取った枚数を合計して、勝敗を決めています。

「百人一首」を覚えるために、ドリルタイム等で百人一首のプリントを音読しながら、少しでもすらすら言えるように練習しています。最初は、先生が範読しますが、慣れてくると徐々に児童相互に、上の句と下の句を分けて読み合い、練習をしています。西川タイムの時には、最後の一五分間を「近接学年カルタ大会」として、廊下や教室の後方などを使って、対戦しています。勝敗によって、対戦相手が入れかわったり、順位表を入れかえたりして、いろいろな友達と対戦できるように工夫しています。

五点めは、フラッシュ教材によるトレーニングです。

学年ごとに漢字・計算・ことわざ・四字熟語・地図記号・都道府県・ローマ字・英単語・歴史人物などのフラッシュ教材を作成し、学年の実態に合わせて活用しています。担任によっては、自分でフラッシュ教材を作成している場合もあります。例えば「図形」「単位の換算」「主語・熟語見つけ」「理科用語」などのトレーニングを加えています。

トレーニングを始める時には、パソコンを大型テレビにつなぎ、次々にフラッシュ教材の問題を提示しながら、漢字を読ませたり、四則計算の答えを言わせたり、四字熟語やことわざの続きを言わせたりしています。フラッシュ教材なので、単時間で集中して効率よくトレーニングすることができます。基本的には、全員で復唱させていますが、

近接学年で百人一首をしている様子

フラッシュを使ってトレーニングをしている様子

集団でのトレーニングが難しい時には、繰り返し言わせたり、個別で言わせたりする場合もあります。これらの取り組みの終わりには、振り返りの場をつくり、頑張ったところ、伸びたところ、友達のよかったところを言わせています。

最後に教師の指導体制について紹介します。

本校では、取り組む内容とともに、「スピード・テンポ・タイミング」を大切にしています。そのために、教師は次のことに留意して指導しています。

①気持ちが入るように、担任外の教師は開始時刻少し前には確実に教室に行くようにしています。準備の声かけをしたり、活動のメニューカードを黒板に掲示させて、取り組みの見通しをもたせたりしています。

②カスタネットや拍子木などでリズムを作り、テンポよくトレーニングできるように心がけています。

③一つの活動が終わったら、すぐに次の活動を始めるよう、切れ目なく進めるように声かけなどをしています（上級生になるとドリルタイム係が進めることがあります）。教師が子ども

の座席を回り、子どもの目線まで体を落として指導をしていきます。

④「よく声が出ていた」「記録が伸びた」「二分以内が八人になった」など、短く評価などを入れたりしながら、モチベーションや達成感を高めるようにも心がけています。

徹底反復学習を継続したり充実させたりするためには、教師の共通理解を図ることが重要になってきます。そのために次のような取り組みを行っています。

一つめは、職員の異動がある年度始めの時期に、ドリルタイムのビデオなどを見せながら、徹底反復学習のガイダンス的な研修会を行い、イメージをもってスタートできるようにしています。教員間で模擬授業を行い、実技も行っています。

二つめは、一学期と二学期には、西川タイムの取り組みを参観し合い、教員同士が学び合う機会をつくっています。担任が、児童を連れて他学年の西川タイムの様子を参観しに行くこともあります。

三つめは、先進校の視察を行ったり、講師招聘による研修会を行ったりして研修する機会を確保しています。最近では、佐賀県の西郷小学校のドリルタイムを全職員で視察し、取り組みについて学ばせていただきました。また、陰山先生に来校していただき、校内研修会と講演会を行うことができました。

四つめは、マンネリ化を防いだり、目標や意欲をもたせたりするために、学期に一回全校西川タイムを行って、各学年の発表を行ったり、交流したりしています。全校西川タイムにおいても、振り返りを発表させていますが、お互いの頑張りやよさを相互評価しています。全校西川タイムは、児童会の運営委員会が進行し、子どもたちの主体的な活動となるように工夫しています。

　五つ目は、ドリルタイム・西川タイムとは直接関係ありませんが、漢字前倒し学習の発展として、漢字検定を実施しています。希望者が一〇名以上いる場合は、学校を試験会場として、実施できるようになっています。本校では、一一月頃と二月頃の年間二回行っています。昨年は五〇名が受験しました。児童の一つの目標になっています。

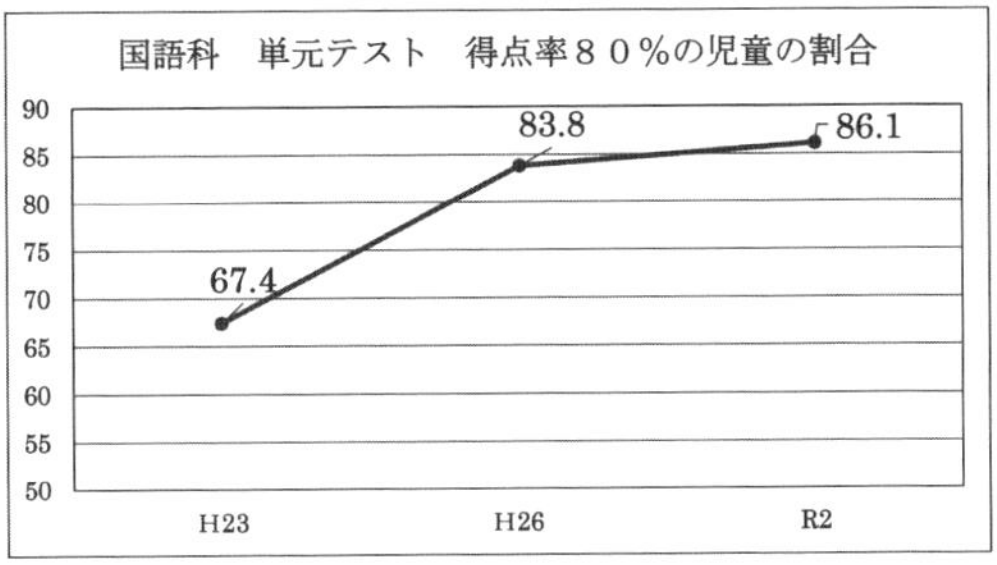

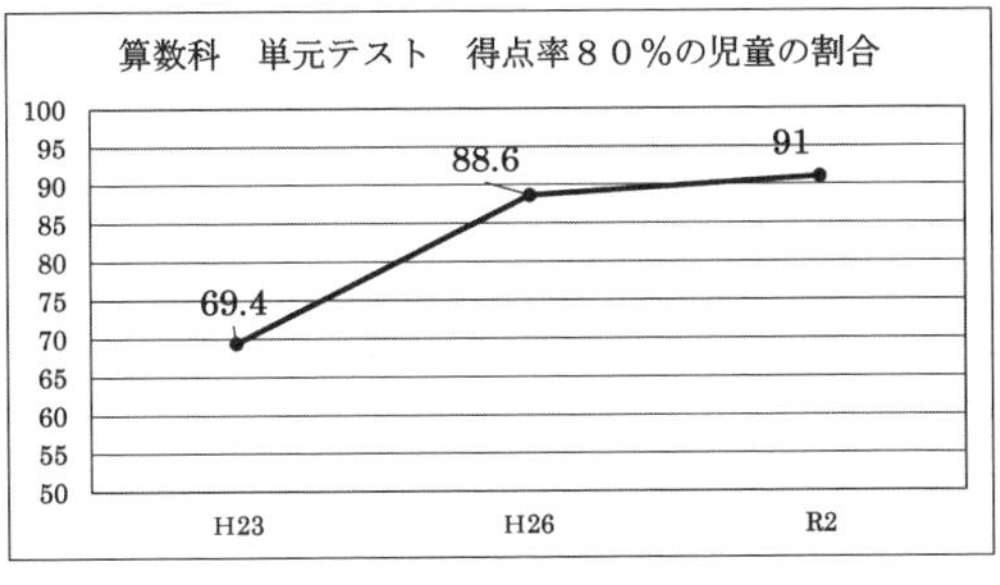

四　成果と課題

(1) 成果

①学校総体による取り組みの積み重ねにより、授業中等の集中力が高まり、学力が次第に向上してきた。

②児童が「できる喜び」「伸びる喜び」を実感でき、自信をもってチャレンジするようになり、自尊感情も高まった。その結果、生徒指導上の課題が減り、不登校児童も○人になった。また、学校行事や委員会活動、掃除等、様々な活動に取り組む姿勢がよくなり、仕事が早くなった。

③教師も、児童の変容を目の当たりにすることで取り組みに対する手ごたえをもち、意欲的に取り組むことができた。

(2) 課題

①学習面での配慮を要する児童への指導法の工夫や指導時間の確保

②活用力を高める指導法の工夫や指導時間の確保　～西川タイムの工夫～

③徹底反復学習の継続

六　学校経営の要、それは陰山道！　陰山メソッドの「守・破・離」

福岡県飯塚市立菰田小学校　校長　石井　幸子

一　地域、学校の状況

福岡県飯塚市は、福岡県のほぼ中央に位置し、明治の産業革命時代、日本のエネルギー産業の源として栄えた街です。五木寛之の「青春の門」で知られる炭鉱労働者の街でしたが、炭鉱閉山により失業者があふれました。その影響もあって低所得や生活保護世帯も数多く、困難を抱えながら生活している家庭も見られます。

私がこれまで校長を務めた、一校目の鯰田小学校。そして現在の勤務校である三校目の菰田小学校も、生活保護世帯が全体の三割をしめています。

二　陰山メソッドとの出会い

「内外教育」という教育専門誌。その巻頭言には、教育界の著名な方々の言葉がちりばめられています。お会いすることなど到底できない方々ばかり。その中のお一人が陰山英男先生でした。

私が飯塚市教育委員会の主任指導主事をしていた平成二一年。当時の教育長は、現飯塚市長の片峯誠様でした。

隣町の田川郡香春町で荒木博史教育長（当時）が主催された「徹底反復研究会」のセミナー。私は片峯教育長の随行者としてそのセミナーに同席させていただく絶好の機会をいただきました。これが陰山先生との最初の出会いです。

三　取り組みの実際

(1)校長一校目！　鯰田小学校での実践─陰山メソッドの『守』

●鯰田小学校【成果①】百ます計算

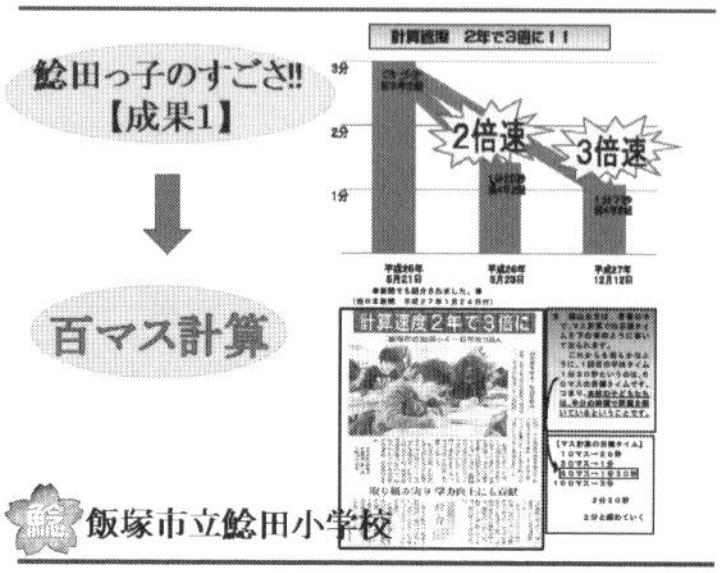

縦10、横10の百ますを使った計算トレーニング、「百ます計算」。集中力、計算力を高める方法として広く利用されています。この計算プリントを平成二五年度から始めました。
取り組み初年度は、三分以上かかる子が大部分を占め、三分以内に解ける子はごくわずかでした。しかし、翌年には、その半分の時間、一分二六秒に。
そして二年目には、当初の三分の一の時間、一分七秒に記録を縮めています。

計算速度が、二年で三倍速に…これは当時、目覚ましい成果として、各種報道に取り上げられました。計算速度の速さは、初めて取り組む問題でも成果を発揮します。明らかに計算力の向上が認められます。

＊実践を積み重ねるにつれ、のちにより効果的な方法を見出しますが、これは陰山メソッドの『守』！その土台となる基本中の基本となる取り組みです。

●鯰田小学校【成果②】全漢字練習

こちらは、学期末に行う漢字テストの結果です。

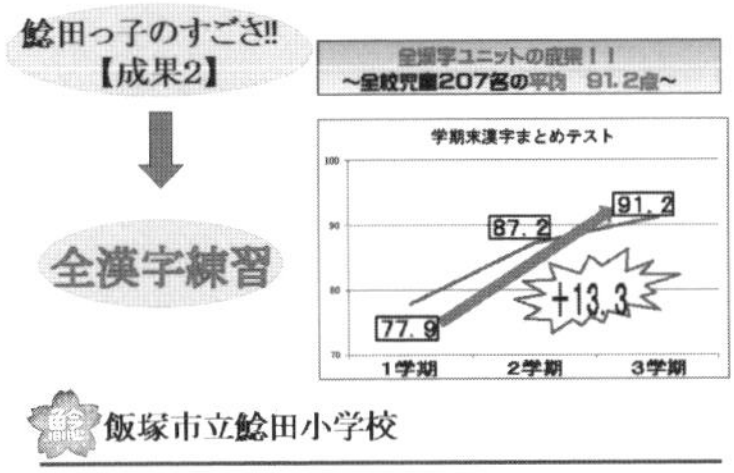

全児童二〇七名の平均点は、九一・二でした。

これは、一年間に習う漢字を年度の初めに教える、漢字の前倒し学習として取り組んだ成果です。

一学期の時点で八〇点近い結果を出し、年度の終わりには、ほぼ確実にマスター…当時は驚かれたものです。

＊今では、漢字の前倒し学習は、当たり前のように取り組まれていますが、当時はまだ、誰もやったことがなく、職員からも不安の声が聞こえていたのを覚えています。

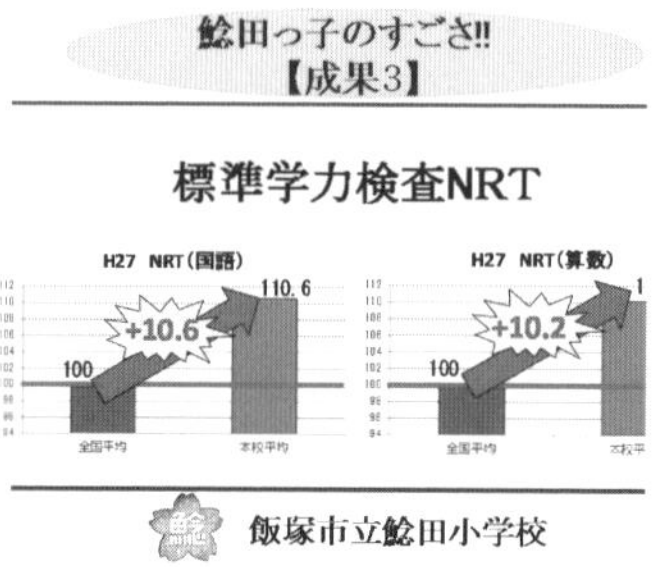

●鯰田小学校【成果③】NRT全国標準学力検査鯰田小

こちらは、相対的な評価法による検査、NRT標準学力検査の結果です。

確かな学力について、全国平均に照らして、客観的に把握するためのデータです。

国語、算数ともに、全国平均を大きく一〇ポイント以上上回る結果を出しています。

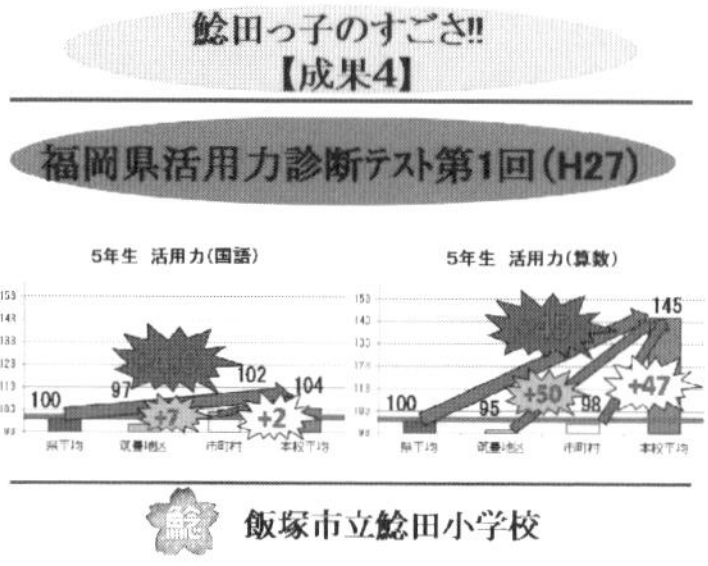

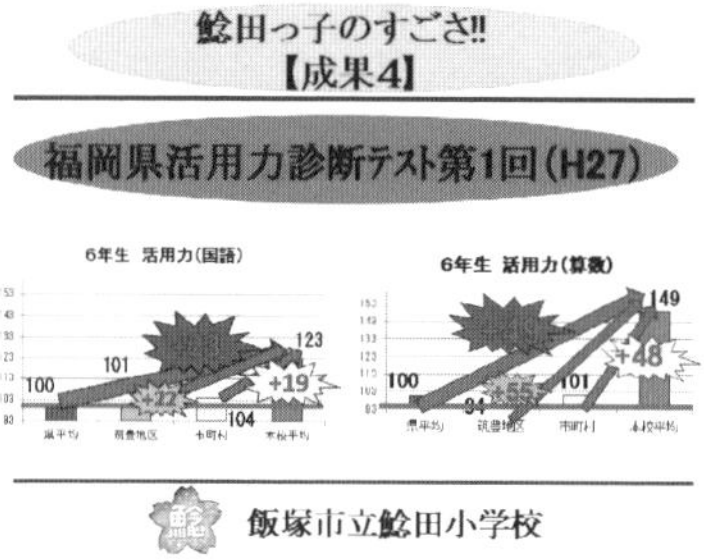

●鯰田小学校【成果④】福岡県活用力診断テスト

福岡県活用力診断テストでは、五年生は、国語、県平均プラス四ポイント。算数では、プラス四五ポイント上回っています。

六年生は、国語は、県平均プラス二三ポイント。算数ではプラス四九ポイントです。

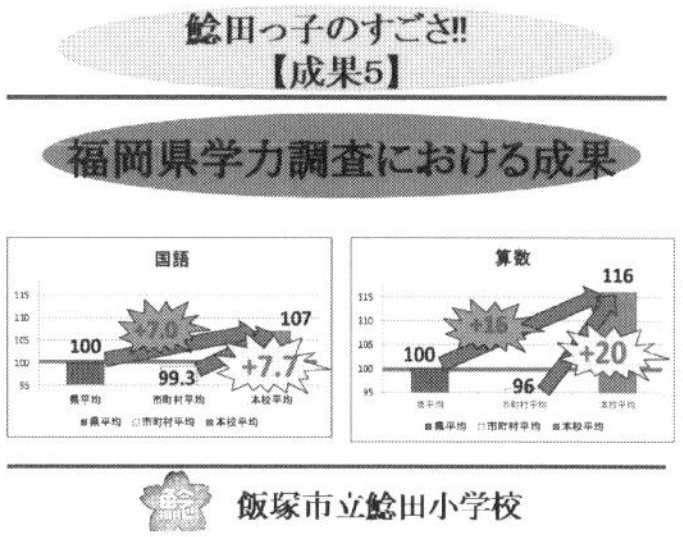

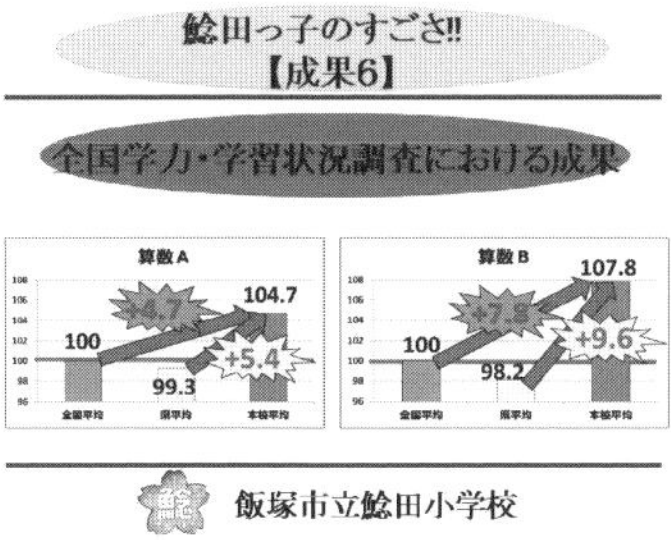

●鯰田小学校【成果⑤】福岡県学力調査（五年生）

五年生を対象に平成二七年度から行われるようになった福岡県学力調査においては、国語で県平均をプラス七ポイント。

算数では、県平均プラス一六ポイント。

市町村平均からは、二〇ポイント上回る結果を出しています。

●鯰田小学校【成果⑥】全国学力・学習状況調査

最後に、全国学力・学習状況調査における成果です。

主に知識を評価する算数Aでは、全国平均プラス四・七。県平均プラス五・四です。

そして、点数が取りにくいとされる、活用力を評価する算数Bでは、全国平均プラス七・八。県平均プラス九・六の結果を出しています。

このような、各種学力調査に見られる目覚ましい成果の要因として、陰山メソッドを中核とした徹底反復学習が挙げられます。計画的・組織的に取り組むことで、基礎・基本の習得を図りました。

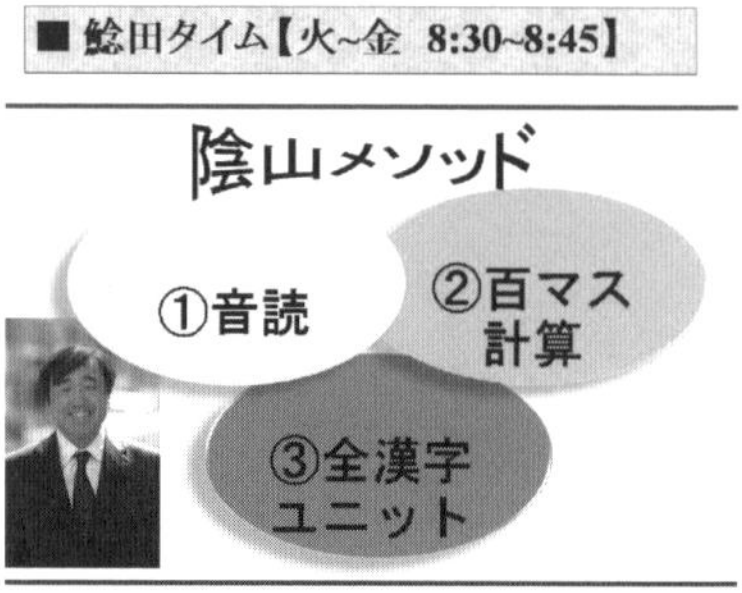

朝学習の時間をつかって、音読・百ます計算・全漢字ユニットを行う鯰田タイムと、補充学習のモジュールタイムに取り組みました。

「厳選された内容」を「効率よく」何度も徹底反復しながら進めることがポイントです。

■鯰田タイムの実際

【朝学習】火・水・木・金曜日八時三〇分~四五分(一五分間)

朝の会、健康観察をすませたあと、一時間めが始まるまでの

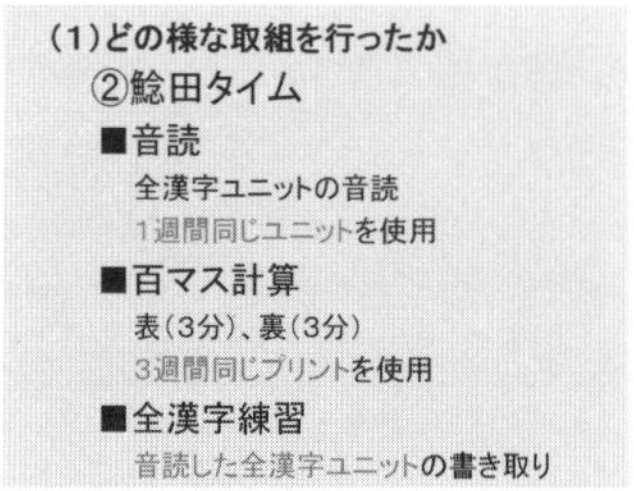

曜日	月	火~金
名称	鯰田チャレンジ	鯰田タイム
内容	低学年　：速読 MIMプリント 中・高学年：速読 理科・社会 プリント (陰山メソッド)	①音読 ②百マス計算 ③漢字練習 (全漢字前倒し学習)

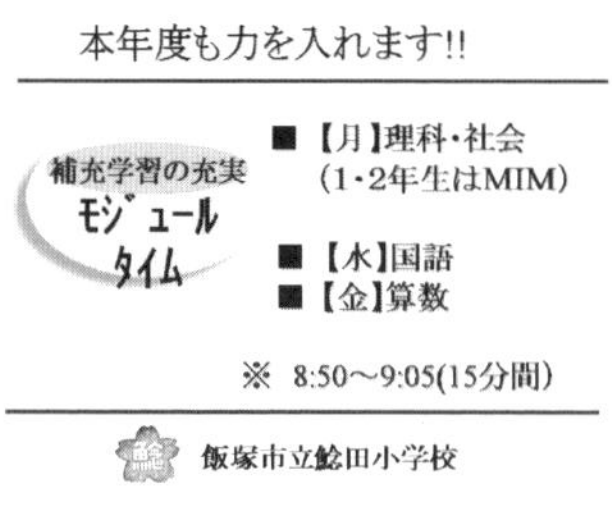

一五分間は、朝学習の時間、鯰田タイムです。

脳のパワーを高め、一日の学校生活を効率よく過ごすための大切な取り組みです。


《鯰田小学校◆音読◆》まず、はじめに、大きな声で音読をします。

しっかり声を出すことによって、体温が上がり、体が目覚め、脳が刺激され活発に動き始めます。一年生の五〇音に始まり、六年生では平家物語など、各学年に応じた内容で取り組みます。


《鯰田小学校◆百ます計算◆》次に、百ます計算を解きます。

高めたパワーをくずさないために、無駄な会話をはさまず、集中力をキープした状態で計算に取りかかります。

一年生は、たし算・ひき算。学年が進むにつれ、かけ算はもちろん、あまりのある複雑な割り算にまで及びます。三週間、同じ問題に取り組むことで、集中力が増し、時間の短縮が自信となり、計算力を伸ばす結果につながります。

《鯰田小◆全漢字練習◆》

最後に、漢字の学習です。

漢字は前倒し学習で行います。

一年間に習う全ての漢字を、10のユニットに分け、五月の段階で全て教えてしまいます。

五月後半以降は、一週間、同じユニットを使います。

三学期は、強化月間として全漢字検定に取り組みます。

覚えていない漢字に重点をおき、無駄なく効率的に習得できるプログラムで取り組みます。

検定プリントは、春休みの宿題でも使用します。

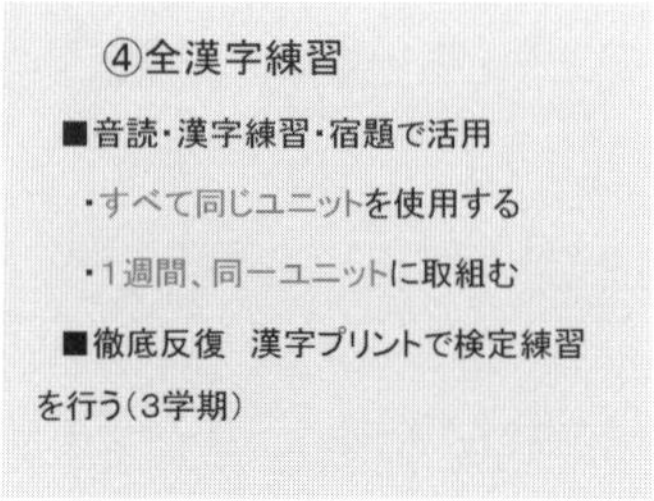

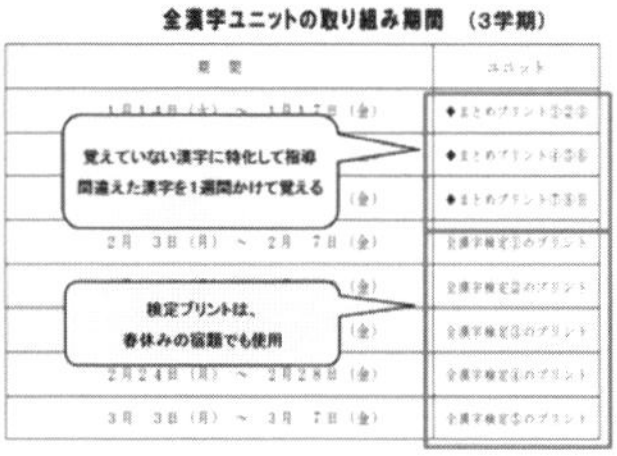

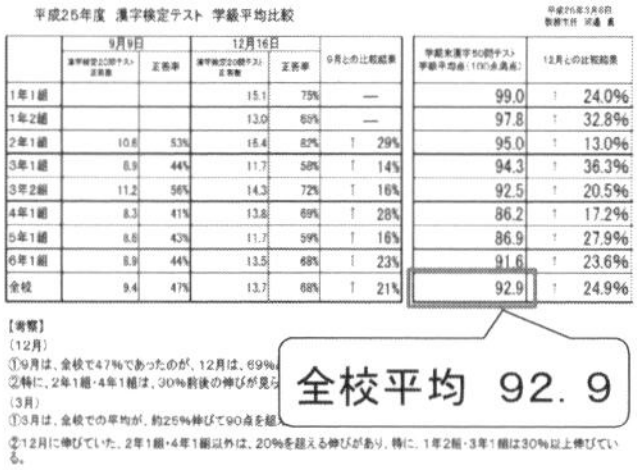

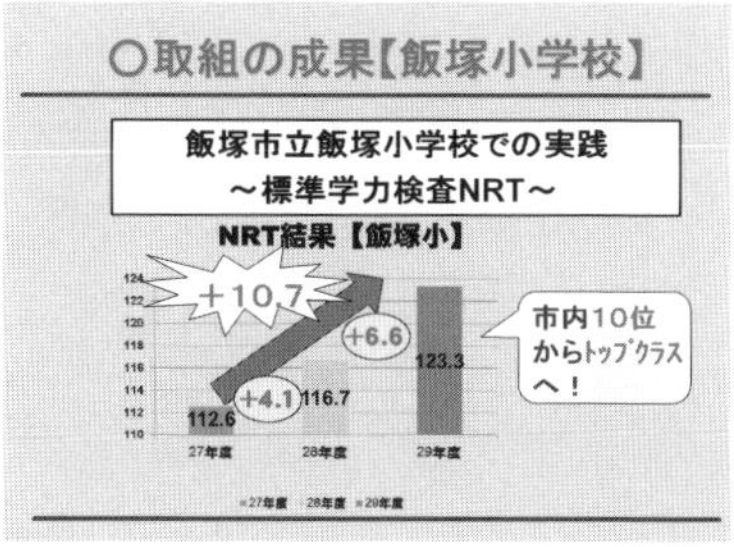

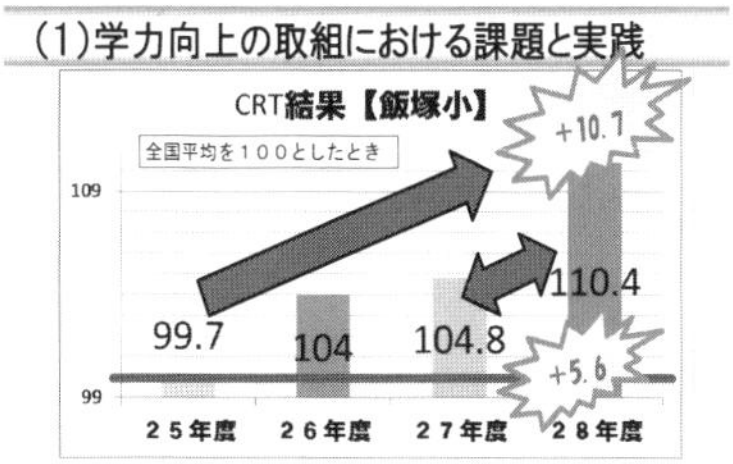

(2)校長2校目！飯塚小学校での実践―陰山メソッドの『破』

●飯塚小学校【成果①】NRT全国標準学力検査

取り組み初年度の平成二八年度には全国比プラス一六・七の一一六・七ポイント。

二年後の平成二九年度には全国比プラス二三・三の一二三・三ポイントという結果が出ました。

二年間で一〇・七ポイントの伸びが見られます。市内トップクラスの成績を修めることができました。

●飯塚小学校【成果②】CRT全国標準学力検査

平成二五年度から平成二八年度までのCRT全国標準学力検査結果の推移です。

三年間でプラス一〇・一ポイント。

取り組み初年度で五・六ポイントの伸びが見られ、三倍速の効果を実感しました。

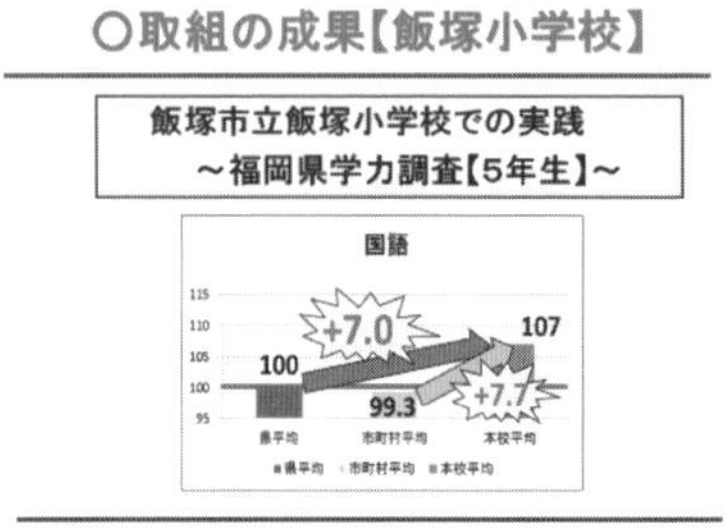

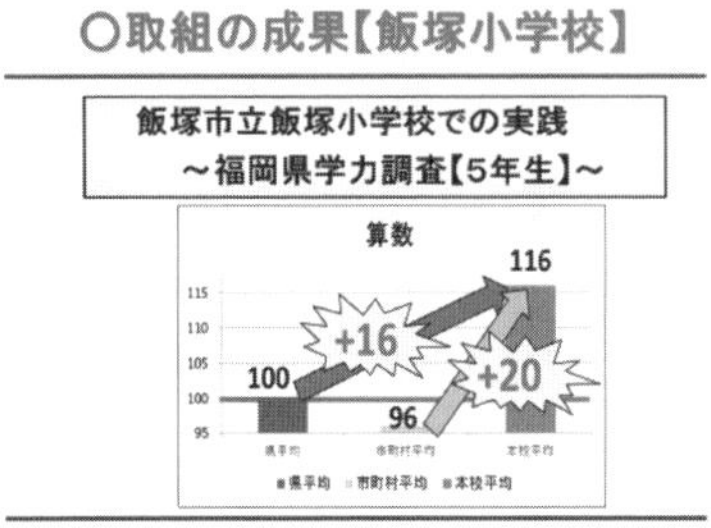

●飯塚小学校【成果③】県学力調査（五年）国語

国語は、県平均にプラス七ポイントの一〇七ポイント。

飯塚市平均より、七・七ポイント上回っています。

市内トップクラスの結果が出ました。

しかし、まだまだ伸びるはず！

読解力育成の必要性を実感しました。

これを受けて宿題の中に『読解力育成問題を取り入れる』という改善を試みました。

●飯塚小学校【成果④】県学力調査（五年）算数

算数は、県平均にプラス一六ポイントの一一六ポイント。

飯塚市平均より二〇ポイント上回っています。

実践を積み重ねて感じることは、算数の方が爆発的な結果が出やすいということです。

このことから、のちに詳しく説明しますが、陰山メソッドの『破』とも言える、百ます計算一日二回の効果を実感できます。

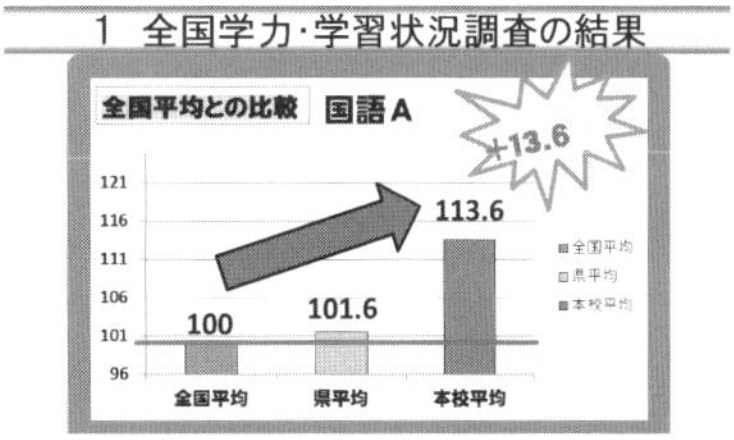

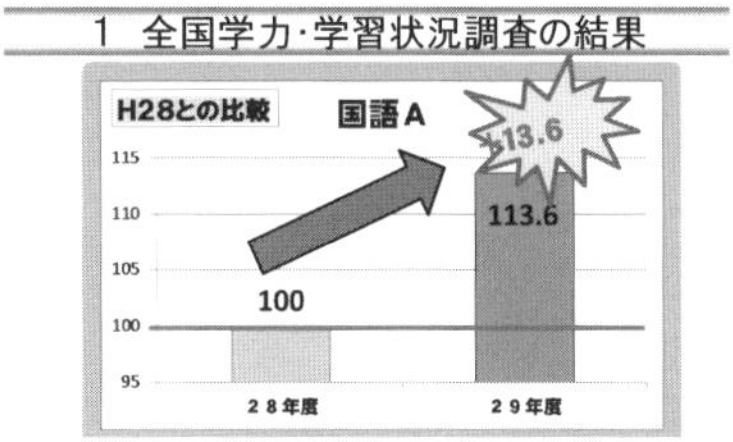

●飯塚小学校【成果⑤】全国学力・学習状況調査（国語A）

全国平均にプラス一三・六ポイント。平成二八年度の結果と比較するとプラス一三・六ポイントという結果が出ました。

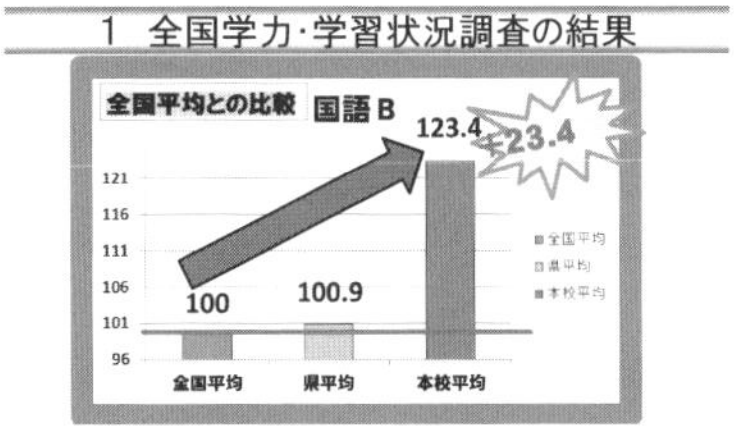

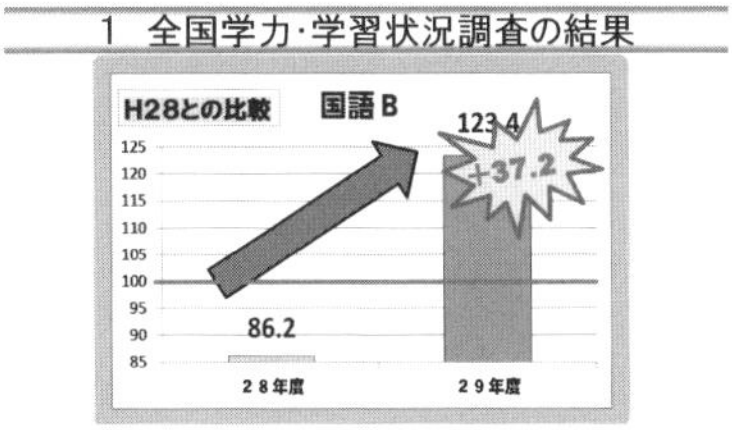

●飯塚小学校【成果⑥】全国学力・学習状況調査（国語B）

全国平均にプラス二三・四ポイント。二八年度からは、プラス三七・二ポイントという驚くべき結果が出ました。

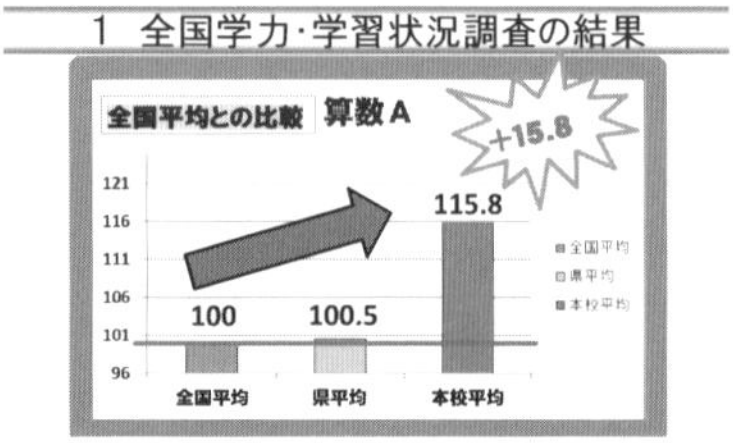

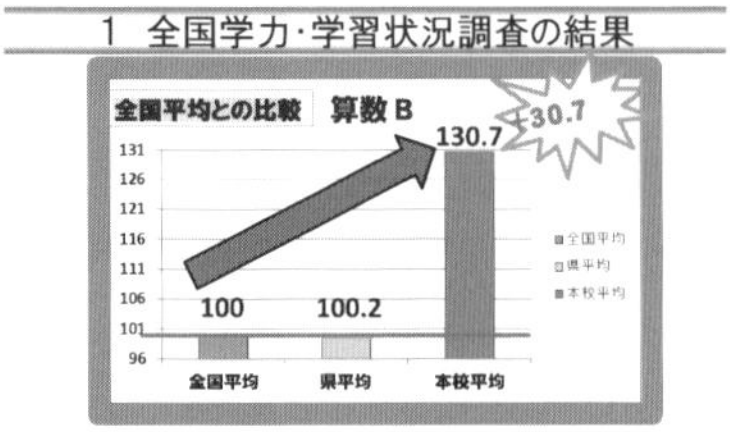

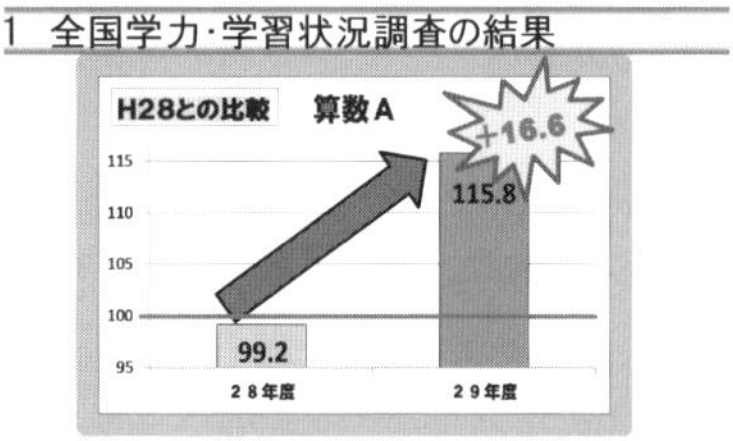

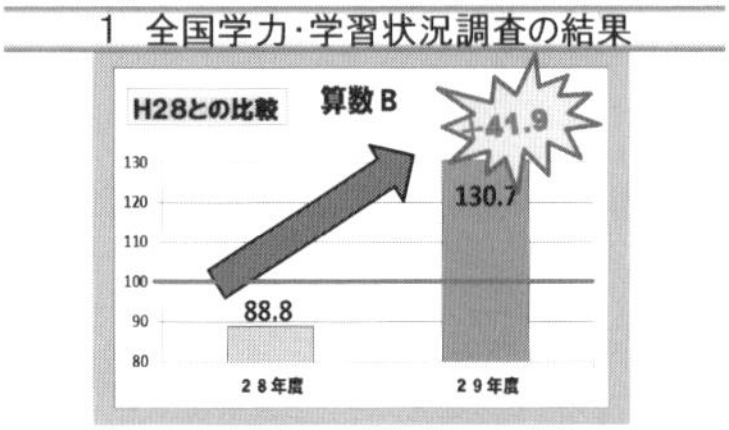

●飯塚小学校【成果⑦】全国学力・学習状況調査（算数A）

全国平均にプラス一五・八ポイント。平成二八年度の結果と比較するとプラス一六・六ポイントという結果が出ました

●飯塚小学校【成果⑧】全国学力・学習状況調査（算数B）

全国平均にプラス三〇・七ポイントの一三〇・七ポイント。

二八年度からは、プラス四一・九ポイントという驚異的な結果が出ました。

（2）飯小タイムの実際

①音読

（2）飯小タイム

①音読

月	共通教材
4	五十音
5	ないないづくし
6	ことばあそびうた
7	なるほどじいさん
9	早口言葉
10	寿限無
11	雨ニモマケズ
12	春望
1	竹取物語
2	平家物語
3	枕草子

飯塚市立飯塚小学校

各種学力調査に見られる目覚ましい成果は、飯塚小学校でも再現されました。鯰田小学校の結果を上回る要因として、「陰山メソッドを実践しながら修正する」…壁を打破する！陰山メソッドの『破』という名の改善策の効果が挙げられます。初めに、飯塚小学校スタイルとして、『音読』の改善からスタートしました。全校統一した音読教材に取り組むことにより、一体感が生まれ、全校中に大きな声が響き渡り、その声はどんどん広がっていきました。

■陰山メソッド【飯塚小学校スタイル】

《飯塚小学校　改善策①》◆一体感のある音読◆

統一した音読教材に加え、

①呼吸法

②口の体操

③発声練習

そして、目の体操として

④ビジョントレーニング『速読ウォーミングアップ』を行うのが独自の取り組みです。

さらに、西川小学校のＤＶＤをもとに腰に手を当てて音読するようにしました。これにより、大きな声を出すことができるようになりました。

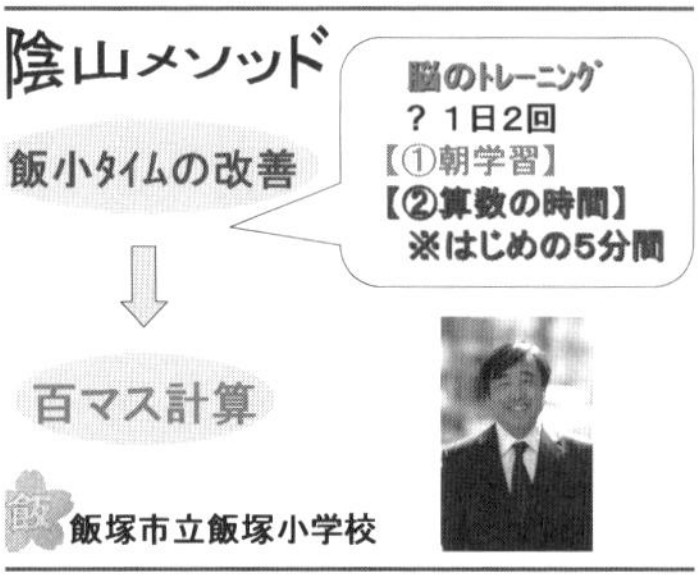

《飯塚小学校　改善策②》◆百ます計算を一日二回◆

鯰田小学校の実践では、朝学習で行った百ます計算と同様の問題を宿題に出していました。

ところが飯塚小では、独自の宿題のスタイルが定着していたため、

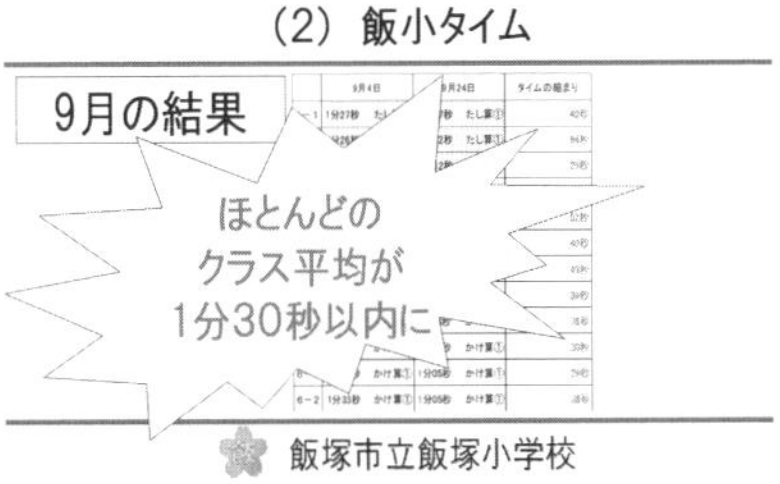

一日二回の百ます計算を行うことができません。

そこから、学校で一日二回百ます計算を行うという実践が生まれました。

『百ます計算一日二回』①朝学習②算数の学習の初めの五分間で行う。

この取り組みも初めは思うようにいきません。

飯塚小学校は、一学年二クラスです。学級数が多くなればなるほど、全校で統一した取り組みを始めるにはエネルギーを必要とします。そこで、初めは「できるクラスからやってみる」というスタンスで開始しました。取り組み始めて三週間後！思いもよらぬ結果が出たのです。

【百ます計算】のスピード

＊鯰田小学校↓一年間で二倍速

＊飯塚小学校↓三か月で二倍速

二回やっているクラスといないクラスでは、タイムの縮まりに二倍もの差が出ました。

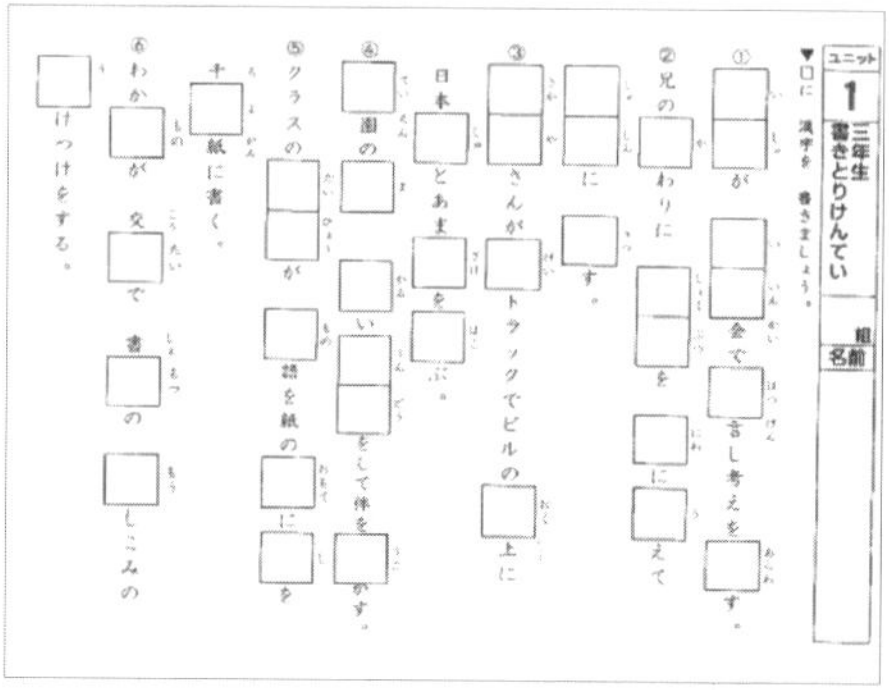

予想外の結果を目の当たりにした先生方！そのビックリした顔！今でも懐かしく思い出されます。

実践を通して発見した効果の威力は目を見張るものがあります。次の日から、どこのクラスも『百ます計算一日二回』の取り組みが定着しました。

取り組み始めて約三か月でそのスピードは二倍速に！

九月にはほとんどのクラス平均が一分三〇秒以内になりました。

《飯塚小学校　改善策③》◆全漢字即時習得法「百秒漢字」

陰山先生とは、年に数回の飯塚市の研修で直接お会いすることができました。そのほかに、電話で実践の成果をお伝えする機会が何回かありました。

そのたびに先生は必ずほめてくださり、有り難いことに様々なアドバイスをしてくださいました。それが私の「陰山道」のエネルギーとなり、ワンポイントアドバイスから新しいアイディアが浮かんで来るようになりました。

そうして生まれたのが『百秒漢字』の取り組みです。

①全漢字ユニットを百秒間写し書きをする。
②次の百秒でテストを行う。

鯰田小学校では、百ます計算が二倍速になるのに一年を費やしたのが、飯塚小学校ではわずか三か月で二倍速に！この「陰山道」の凄さを実感した先生方は、何の疑いもなく、すぐさまこの『百秒漢字』の実践に取り組みました。全校児童があっという間に漢字百点満点を取るという驚異を達成するのに、そう時間はかかりませんでした。

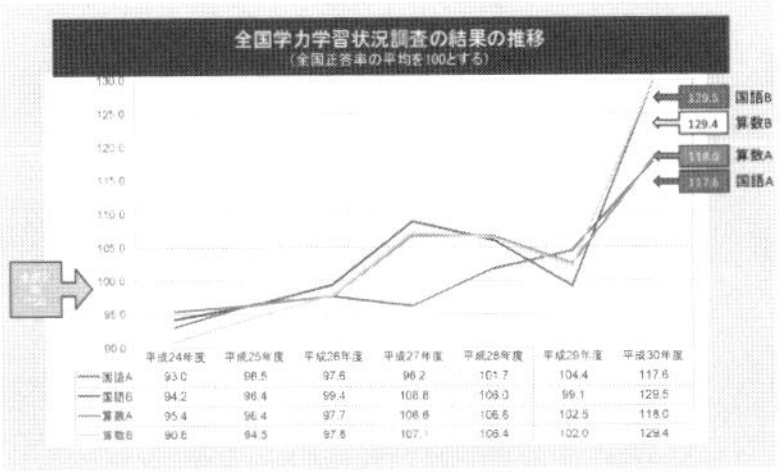

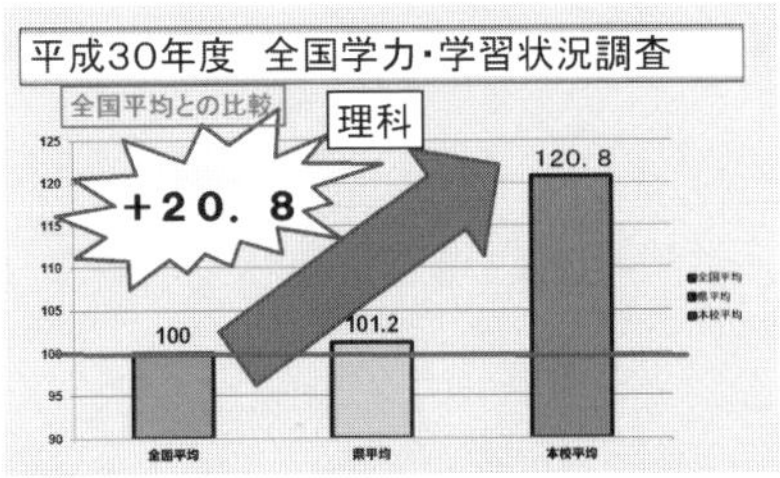

(3)校長三校目！菰田小学校での実践―陰山メソッドの『離』

●菰田小学校【成果①】全国学力・学習状況調査（理科）

平成三〇年度の全国学力・学習状況調査については理科が実施されました。理科は全国平均に、プラス二〇・八ポイント。県平均に、プラス一九・六ポイントという結果が出ました。

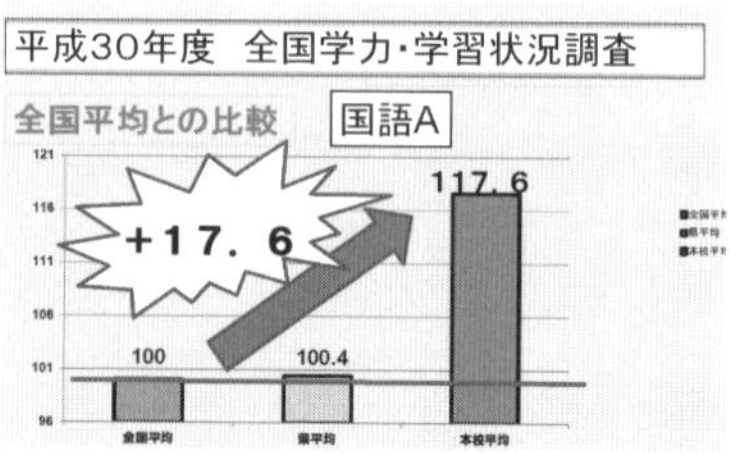

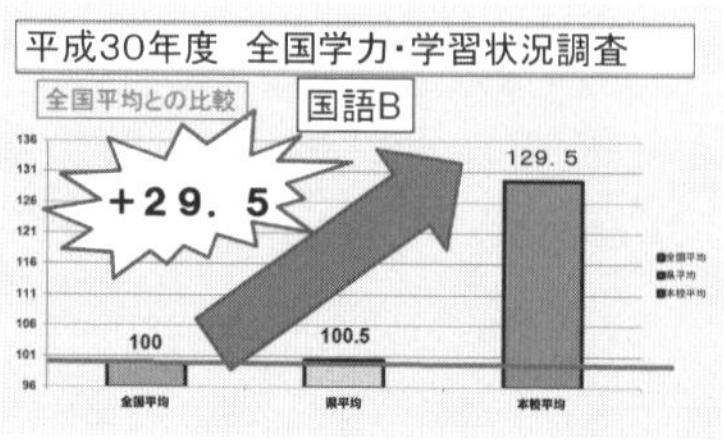

●菰田小学校【成果②】全国学力・学習状況調査（国語A）

平成三〇年度の全国学力・学習状況調査については、国語Aは、全国平均にプラス一七・六ポイント。県平均に、一七・二ポイントという結果が出ました。

基礎的な力を問うA問題。活用力を問うB問題。どちらも飛躍的な結果を得ることができました。

●菰田小学校【成果③】全国学力・学習状況調査（国語B）

平成三〇年度の全国学力・学習状況調査では、国語Bは、全国平均にプラス二九・五ポイント。県平均に、プラス二九ポイントという結果が出ました。

活用力を問うB問題の高得点は驚異的です。

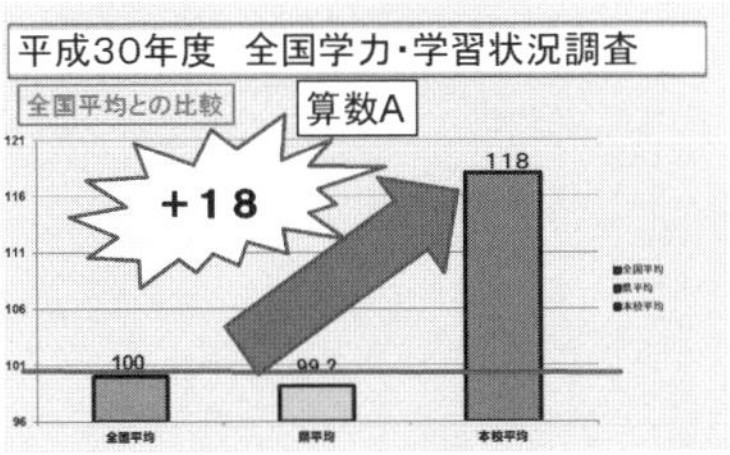

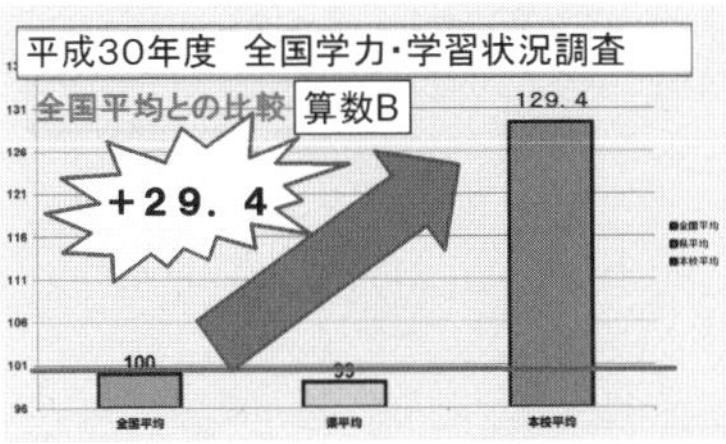

●菰田小学校【成果④】全国学力・学習状況調査（算数A）

平成三〇年度の全国学力・学習状況調査では、算数Aは、全国平均にプラス一八ポイント。県平均に、プラス一八・八ポイントという結果が出ました。

基礎的な力を問うA問題。活用力を問うB問題。どちらも飛躍的な結果を得ることができました。

●菰田小学校【成果⑤】全国学力・学習状況調査（算数B）

平成三〇年度の全国学力・学習状況調査では、算数Bは、全国平均にプラス二九・四ポイント。県平均に、プラス三三・四ポイントという結果が出ました。

活用力を問うB問題が高得点です。「説明名人になろう」の取り組みの威力を感じます。

●菰田小学校【成果⑥】全国学力・学習状況調査

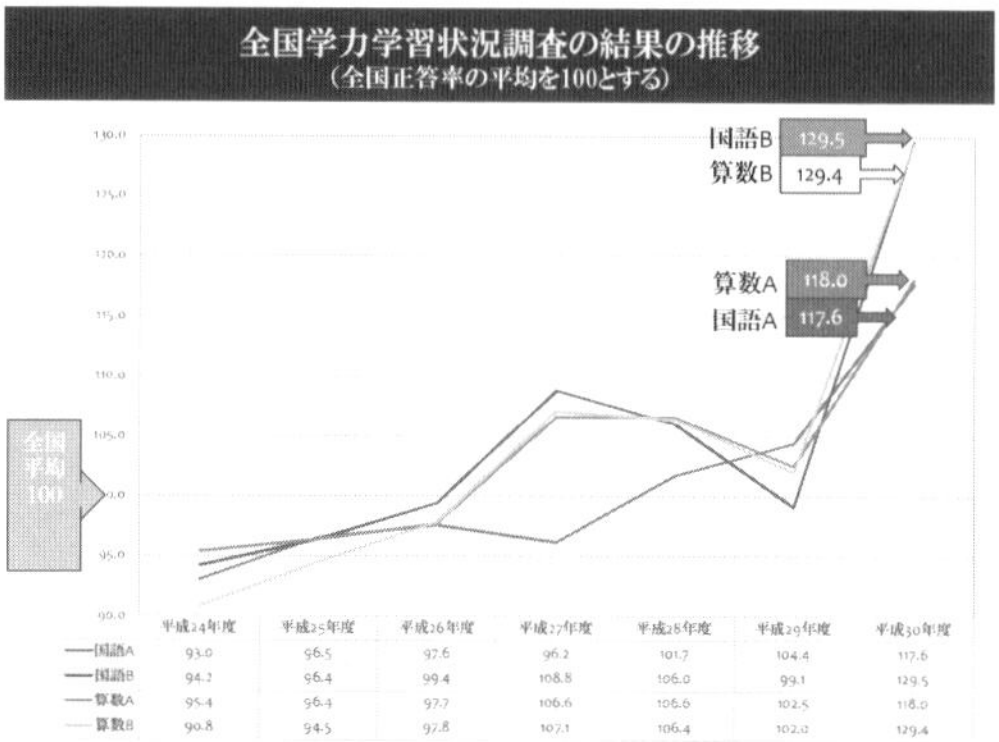

	平成24年度	平成25年度	平成26年度	平成27年度	平成28年度	平成29年度	平成30年度
国語A	93.0	96.5	97.6	96.2	101.7	104.4	117.6
国語B	94.2	96.4	99.4	108.8	106.0	99.1	129.5
算数A	95.4	96.4	97.7	106.6	106.6	102.5	118.0
算数B	90.8	94.5	97.8	107.1	106.4	102.0	129.4

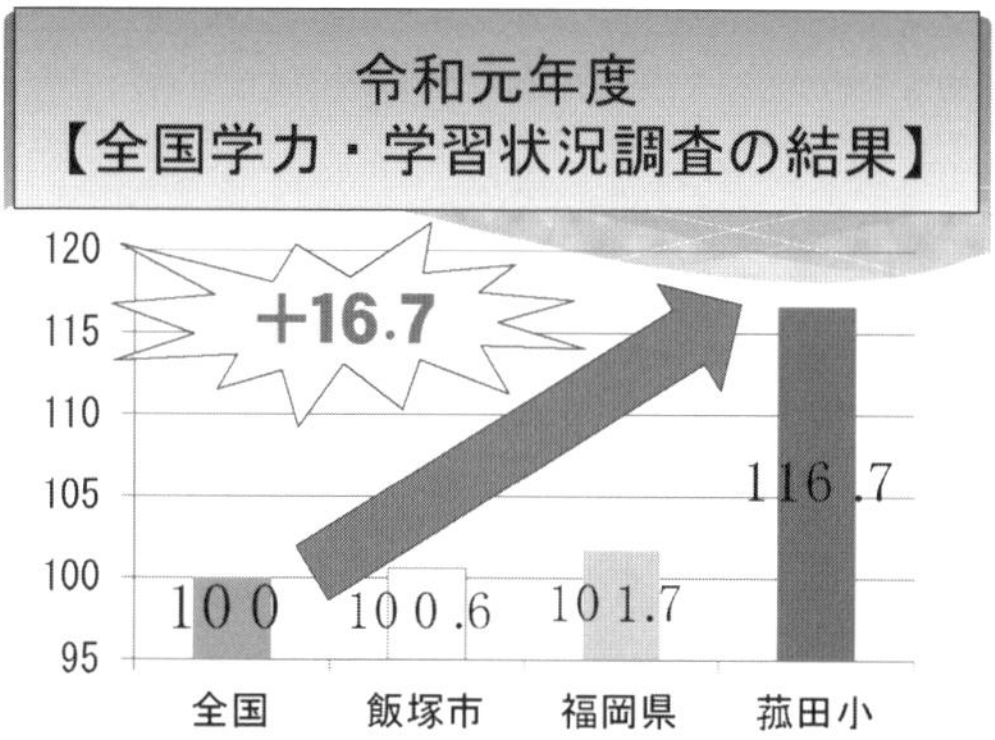

経年比較を見ると、平成三〇年度からは全国平均を大きく上回りました。

国語A一一七・六ポイント。国語B一二九・五ポイント。算数A一一八・〇ポイント。算数B一二九・四ポイントでした。

令和元年度は全国比プラス一六・七ポイント。

市・県平均についても大きく上回る結果が出ています。

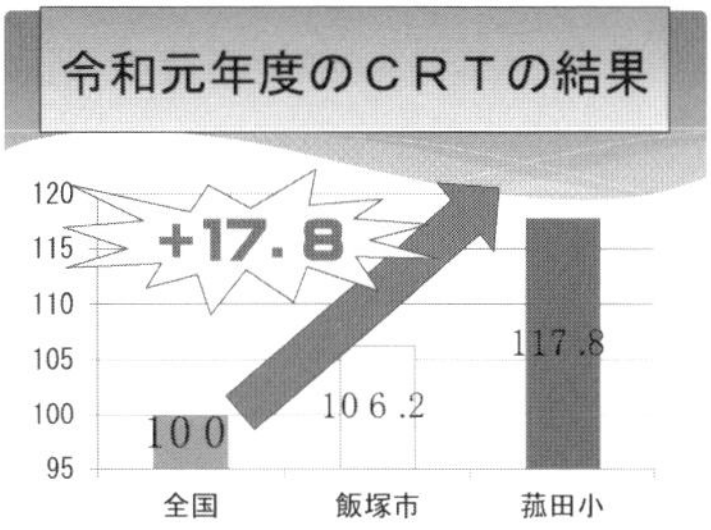

●菰田小学校【成果⑦】ＣＲＴ全国標準学力検査

令和元年度の結果は、全国比プラス一七・八ポイント。飯塚市比では、プラス一一・六ポイント。

平成二九年度までは下降傾向にあったＣＲＴ全国標準学力検査でしたが、平成三〇年度からは、一気に市内トップクラスの成績を修めることができました。

基礎学力の確実な定着が伺えます。

●菰田小学校【成果⑧】ＮＲＴ全国標準学力検査

令和二年度の結果は、全国比プラス二七・九ポイント。飯塚市比では、プラス一八・四ポイントという市内トップクラスの成績を修めました。

令和二年三月からの臨時休校による未履修の単元も一学期のうちにすべて終え、その確実な定着が伺えます。

●菰田小学校【成果⑨】ＮＲＴ全国標準学力検査結果の推移

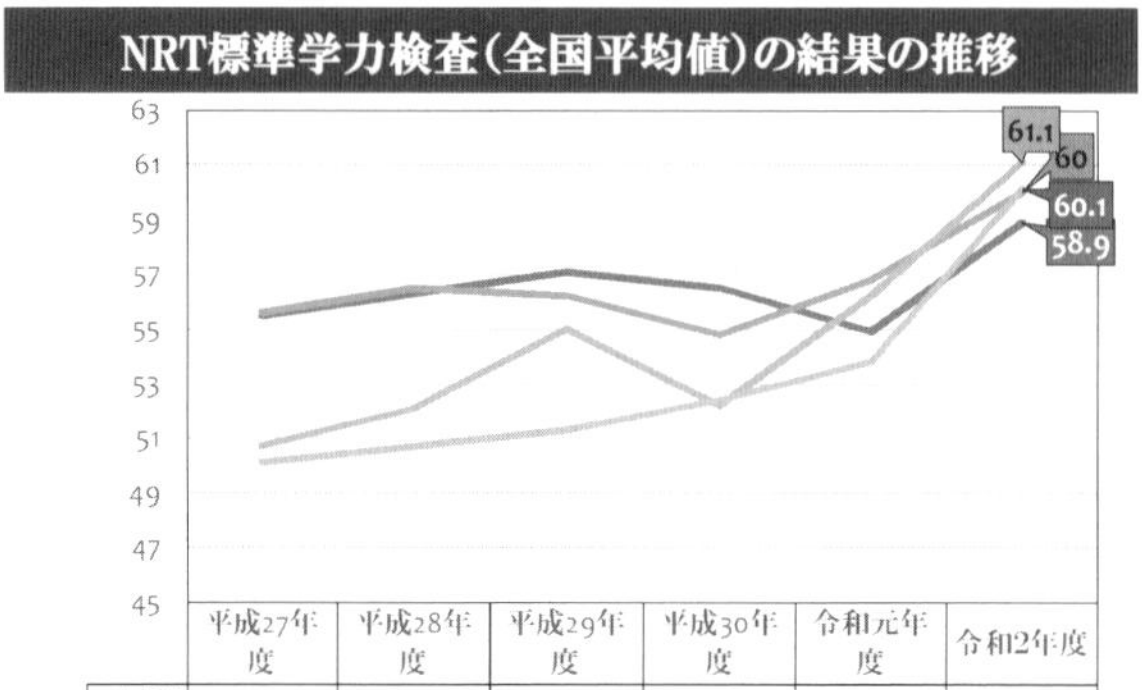

	平成27年度	平成28年度	平成29年度	平成30年度	令和元年度	令和2年度
国語	55.5	56.3	57.1	56.5	54.9	58.9
算数	55.6	56.5	56.2	54.8	56.8	60
理科	50.7	52.1	55	52.2	56.2	61.1
社会	50.1	50.7	51.3	52.4	53.8	60.1

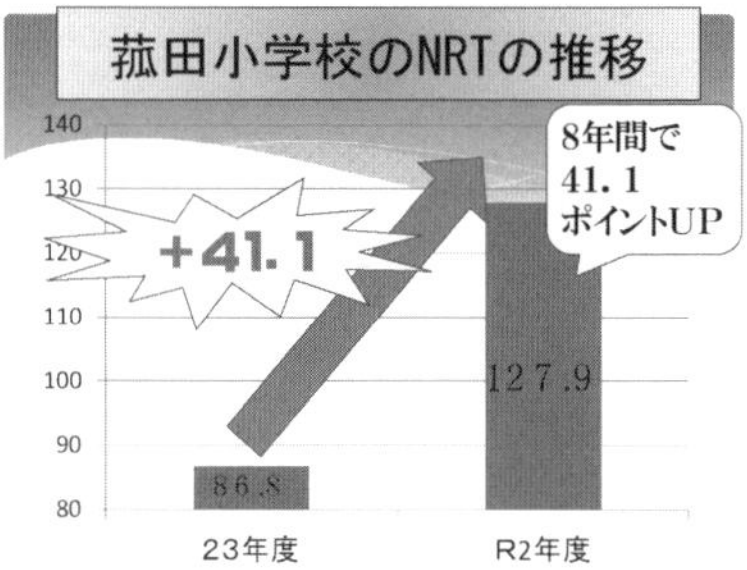

平成二三年度は、八六・八ポイント。

それに対し、令和二年度は、一二七・九ポイント。

八年間の推移はプラス四一・一ポイントです。

平成二三年度当時は、市内で最も多くの課題を抱えていた菰田小学校。今では地域や、保護者からの信頼も厚く、高い評価をいただくようになりました。

各種学力調査に見られる、目覚ましい成果は、菰田小学校でも再現されました。

鯰田小学校や飯塚小学校の結果を上回る要因として、「陰山メソッドとは別の離れた実践を融合する」…学力・体力・心の教育を融合したということです。

陰山メソッドの『離』という名の改善策の効果が挙げられます。

初めに、菰田チャレンジの前に、全校統一して「タオル体操」に取り組むことからスタートしました。

■陰山メソッド【菰田小学校スタイル】学力と体力との融合

《菰田小学校　ターボエンジン①》◆タオル体操◆

当初は、一体感をもたせるねらいで始めた「タオル体操」。これが、学力向上に威力を発揮することになったのは驚きです。

子どもたちは、タオル体操により目がしっかりと覚め、シャキッとなります。

これは、一緒にタオル体操をやっている教師自身の実感としても言えることですが、一気に右肩上がりのパワーがみなぎります。

具体的な取組

1　体力向上プランより　※資料Ａ

（１）「一校１取組運動」

「菰スポタイム・みんなでタオル体操」

月曜日～金曜日　８：２５～８：３０

●タオル体操とは

本校体育主任の田中洋子教諭が発案した、タオルを使ったオリジナル体操。

福岡県には、全国で唯一体育科専門の研修機関である「福岡県体育研究所」があります。

ここでは、国内の著名な講師陣による高度な研修が毎年開催されています。研修歴約一〇年の田中教諭は、年間七～八回の研修を受講して、体力向上における最新の教育情報をもとに実践を積み重ねています。

「タオル体操」は、屈伸や柔軟を取り入れた様々な動きが組み込まれた体操です。

これを『菰田チャレンジ』の前に行うことで、高速道路に乗った感覚で、陰山メソッドに取り組むことができます。まさに、学力と体力の融合です。

《菰田小学校　ターボエンジン②》◆ブレイン体操◆

朝学習「菰田チャレンジ」の導入段階にブレイン体操を行うことで、脳を活性化させ、児童の自己肯定感と集中力をより高めることができます。

さらに、創意性やチームワークを高めることも期待でき、子どもたちの姿からその効果を実感しています。

3　菰田チャレンジについて

（1）内容

① ブレイン体操
② 音読
③ 百ます計算
④ 100秒漢字

①　ブレイン体操

第2の脳である、「腸」を目覚めさせる

○ポイント
A「腸をしっかりと目覚めさせる」を重視
B　両手で丹田を50回たたく
C　丹田を50回指圧する
C　姿勢

②　音読

脳の中の「前頭葉」を目覚めさせる

○ポイント
A「スピード・テンポ・タイミング」を重視
Bお腹から声を出す
C姿勢
○共通教材の使用

③　百ます計算

脳の中の「右脳」を目覚めさせる

○ポイント
A「スピード・テンポ・タイミング」を重視
B空白の時間を作らない
○同じ問題を3週間続け徹底反復をする。
○1日2回実施する。

④　100秒漢字

漢字学習は「右脳と左脳」の両方を鍛える

○ポイント
A「スピード・テンポ・タイミング」を重視
B100秒で裏面をなぞり書き
C100秒でテスト
○金曜日はテストをして提出

●脳教育　ブレイン体操とは

①飯塚市の取り組み

飯塚市は、『世界で注目を集める新しい教育メソッドとして脳教育に日本で初めて取り入れた自治体』として、アイブレアジャパンから認定されました。現武井政一教育長も陰山メソッド同様に推奨されています。

②菰田小学校の取り組み

平成三〇年度からこのプログラムを取り入れ、令和元年度から全校実施しています。

■菰田小学校　取り組みの成果

●知（学力向上）…市内トップクラス

●体（体力向上）…スポーツコンテスト『スポコン広場』県内トップクラス

●徳（心の教育の充実）…「もくもく掃除」「あいさつ運動」の充実

＊児童会六名で始めた「あいさつ運動」ですが、最終日には一年生から六年生までの総勢五〇名近くの子どもたちが自主的に校門の前に整列して行いました。

四　今後の課題

令和二年度、コロナウイルス感染症拡大防止策を講じながらの実践を試みています。そのような中で、学校全体の担任の約半数が異動したため、新メンバーで昨年度同様、またはそれ以上の成果を出すことが求められています。

特に以下の視点を中心的な手立てとして改善を試み、『陰山道』に邁進してまいります。

(1)全漢字学習について

①オリジナルの熟語習得プリントを作成して、臨時休校中（令和二年三月）にも活用しました。

②本年度も引き続き活用して、熟語の習熟に力を入れます。

(2)集中速習について

①学力向上コーディネーターを活用して、集中速習の重点単元プリントを作成し、いつでも誰でもできるようにシステム化を実現したいと考えます。

②陰山先生のお力をお借りしながら、ＺＯＯＭやＤＶＤ等の情報機器を活用して、集中速習の授業を目で見て、実感できる研修を全職員に提供します。

七　一〇年以上陰山メソッドに取り組む学校

佐賀県神埼市立西郷小学校　校長　田中　裕子

一　地域・学校の状況

本校の周囲には広大で豊饒な筑紫平野が広がり、そこでは米麦を中心とした農業が盛んである。校区内には、一つの大学と二つの高校が位置するという学術的な環境にも恵まれている。また、校区内周辺には中世の環濠集落に由来をもつクリークが残存する長閑な地域でもある。児童数は約二〇〇名。少子化に伴いここ一〇年で一〇〇人減少し、ほぼ単学級である。令和二年度からは、佐賀県教育委員会の研究指定（二年間）として「ＥＳＤ（持続可能な社会の創り手のための教育」に取り組んでおり、自分が住む地域の将来の姿を、持続可能な社会の構築という視点から見つめ、今自分ができることは何かを考え、行動する児童の育成をめざし、研究を進めている。

二　陰山先生との出会い

本校では平成一七年度から陰山メソッドによるスキルタイムが始まっている。そのきっかけは、当時（平成一六）県教育委員会学校教育課参事だった田代高規元神埼市教育長（平成二七～二九）が尾道市立土堂小学校を訪問し、陰山先生（当時は校長職）と出会い、その理論の明瞭さ、先生の熱意に触れ、その場で県内に実践を広めることを決意されたと聞く。

その後、当時の神埼市教育長である實松信子先生が西郷小学校の特色ある学校づくりとして「陰山メソッド」を導入され、現在に至っている。

実践を始めてから十年以上経過した現在、神埼市全体（七小学校、三中学校）にスキルタイムの取り組みが広がっており、基礎学力向上に一定の成果が表れている。毎年六月の陰山先生を招聘しての校内研修会は、新たなメソッド、全国の実践校での様子等をリアルタイムに聞くことのできる機会となっており、年度初めにそこで学んだことを取り入れ、職員一同新たなスタートを切っている。以下、本校の取り組みや成果等を紹介する。

三　取り組みの実際　①仕組み

本校は、スキルタイムの時間を低学年は毎日一五分×五日、三年以上は週三日一五分×二日、四五分（国算でカウント）×一日としている。内容は、「音読・百ます計算・漢字」を基本とし、辞書引きや短作文、フラッシュカード等を行っている。全員が同じ方法で行うために、四月当初にスキルタイムのやり方を赴任職員に伝えると共に、経験者のスキルタイムを参観する時間を設けている。教師よりも児童の方が慣れているということもあり、言葉を厳選し、同じ流れで進めることを確認している。また、毎年、校務分掌に「陰山メソッド担当」を任命し、指導方法、内容、プリントの準備等、統一した方法で徹底していく体制を構築している。

取り組みの実際　②音読

スキルタイムは音読からスタートする。よい姿勢で、発音・発声・スピード・リズム・テンポを大切にしながら、反復して声に出し、暗唱させる。教師の範読やリズム打ちでスピードを上げ、たくさんの言葉を発声することで、脳を活性化させることがねらいである。教師は、教材と教材のつなぎを短くし、スムーズに進めること、さらに、全員が立ったまま休みなく読む形態をつくることに気をつける。また、できるだけ子どもの口の高さに耳をもっていき、一人ひとりがきちんと言えているかどうかを確かめながら机間指導を行う。特に、無駄な言葉を言わないことが大切で、本校では次のような資料を基に全職員で取り組んでいる。

教材は、「陰山メソッド徹底反復音読プリント」の中から、リ

スキルタイム（１５分バージョン）

事前準備

（教師） ・百ますプリントに穴を開けておく。 ・スキルタイムのメニューを右から順に板書する。 （・百ますプリント配布）	（児童） ・百ます計算のプリントに記名。 ・鉛筆を一本出しておく。 ・全漢字ドリルに下敷きを敷いておく。 ・音読の本、百ますプリント、全漢字ドリル、スキルファイルをメニュー順に机の端に重ねて置く。

開始時刻	内容	教師の言葉かけ・指導 ※短い指示と個別指導を行う。必要な言葉掛けのみコンパクトに。笑顔で。		児童
8:20	音読	・「起立」 ・「姿勢」 ・「（タイトル）」	・テンポよく号令をかける。 ・タンバリン等でリズムを取る。 ・机間巡視をして、声・姿勢について個別指導を行う。	・教師の指示に応じて、音読・暗唱する。 ・完全に暗記するまでは、両手で持つ。
8:25	計算	※音読後、間をおかず、 ・「ひき算10秒前。 5,4,3,2,1始め。」 ※「30秒。」「1分」等伝える。 ・「○秒」　… ・3分で「やめ。わり算5秒前。 4,3,2,1始め。」 ・「やめ。」	・テンポよく指示を出す。 ・机間巡視をして、スムーズに進まないこの補助（列の数を指で指す・答えを言う等）個別指導を行う。 ・「ハイ。」に対して、1人ずつタイムを言う。	・「10秒前」の合図で着席し、用意。 ・百ます終えたら「ハイ。」と返事し、タイムを記録する。その後すぐに次の百ます計算に取り組む。 ・3分間表裏両面取り組む。※　÷は、個に応じたプリントを。
8:32	新出漢字	※百ます計算後、すぐ ・「全漢字。ユニット○。10秒前。」 ・「読み」「（熟語）」 ・「指で練習10秒。（～15秒）」 ・「右側の人5（～8）秒。始め。」 ・「左側の人5（～8）秒。始め。」 ・「もう1字、5（～8）秒。始め。」 ※練習数文字後、すぐ ・（例）「漢字テスト○・○。 練習○分始め。」 ・「テスト○分。用意始め。」 ・「止め。」	・テンポよく「読み」を言う。 ・お手本をしっかり見るよううながす。 ・ドリルの答えを見ながら、指でなぞって練習させる。 ・高速で止まらず書くようにさせる。 ・テストは、1字5～7秒をめどに時間を設定する。 ・書き終えた子は、やり直しや次の漢字練習をする。 ・状況に応じて、教師・児童が答え合わせをし、やり直しまで済ませる。	①読み・熟語読み ※教師の後に復唱 ②書き順練習（指で） ③右側の人が1字書く。 ④左側の人が1字書く。 ⑤全員もう一字書く。 ： ： ・テスト。 ・○をつけてもらう。もしくは、自分で答え合わせ。→やり直し。
	事後			・プリントをファイルに綴じる。

ズムがよく、ややレベルの高いものを選んでいる。主に古文や漢文を選んで取り組ませているが、さらにその中から、共通暗唱教材を決め（今年度は下学年「春暁」、上学年「学問のすすめ」）、発表の場を設けている。ほとんどの学年が単学級である本校においては、異学年で同じ教材を使うことによって、上の学年の音読が常に聞ける環境にあることが、全校児童の切磋琢磨を生み、質やレベルを上げることにつながると考える。低学年の児童でも、漢詩をすらすらと唱えたり、長い文章をよどみなく暗唱したりする姿は、徹底反復の賜物だと言える。

取り組みの実際　③百ます計算

百ます計算は、二分以内の達成率が全学級八割以上をめざして取り組む。毎回タイムを計り、記録をさせ、伸びをほめていく。終わるや否や自分のタイムを申告させ、一人ひとりの伸びをその場で見取り、個別に声かけをする方法は効果的である。学年初め（四月）と学期末（七月、一二月、二月）には全校一斉タイム計測を行い、学年の状況を数値化して全職員で共有する。個別指導が必要な児童については、管理職を含む級外の職員も輪番制でどの学級にも入るようにすることで、組織的にバックアップしていく。

内容は同じ問題のプリントを繰り返し、徹底して継続する。高学年の児童が

1年　＋、－
2年　＋、－、×
3年　－、×、÷（余りなし）
4～6年　－、×、÷（百割）

百割計算で二分以内を達成するには、ひき算がどれだけ定着しているかが大きく影響する。そこで、百ます計算の中で一番難しいひき算の苦手意識を払拭するために、どの学年においても百ますひき算は必ず取り組み、答えを暗記するくらいまで力をつける。一年生では、一学期の終わりあたりからます計算に取り組む。「＋０」「＋１」「＋２」…と、順番に練習してます計算の力をしっかりつけておくことが大切であり、それぞれの段が二〇秒以内でできるようになったら、五〇ます計算二分以内をめざし、そして百ます計算へと段階を追って進めるようにする。数の合成や分解、公式、単位換算や計算などを短時間で音読する算数音読にも合わせて取り組む。速いペースで音読することにより、すばやい計算力を身につけたり、算数の理解へとつなげたりしていく。

取り組みの実際　④漢字学習

昨年度から、大きな転換を図った「超前倒し漢字学習」。四月には既に本年度に学習する漢字学習を終えておくという画期的な方法である。これを全校で取り組み始めている。

スキルタイムの時間には、漢字の習得で課題となる筆順を、

漢字の筆順を見る

児童自らが確認しながら覚え、児童同士でチェックし合うという陰山式の漢字の覚え方を採用している。漢字指導でよく行われがちな空書きなどは行わず、決められた時間内にワークの筆順を見ながら何度もなぞる。ここでもすばやくするというのが重要である。筆順を確認した後は、隣や前後で児童を二つに分け、どちらか一方に漢字を書かせ、もう一方は筆順を確認する。最後はテストと称して一斉に書く。これは、教科書に出てくる順ではなく、ワークに出てくる順で行う。

　このようにすることで「全漢字学習」というワークを見ながら、児童自身が漢字の筆順を振り返るようになる。その後のスキルタイムでは、「全漢字学習」を用いて小テストを行っていく。その結果、3学期には、次年度の漢字の学習に取り組むことができるようになる。

地域ボランティアの方と検定

　前倒し学習を可能にしているもう一つの方法が、「漢字検定西郷バージョン」である。全漢字学習のユニット1～10の読み・書き双方を習得することを目標とし、地域ボランティアの方の力も借り、昼休みの時間に、各学年毎月二～三回は検定に挑戦できるシステムにしている。全て合格すると「漢字マイスター」となり、次学年の漢字検定を受けることができる。習得をめざして始めたことだが、漢字が好きになったり自信をもつようになったりする効果も得られた。さらに、地域の方との触れ合いが生まれたことは想定外の喜びだった。

四　陰山メソッドの成果

五年間本校で陰山メソッドを実践し、職員を牽引してきた近藤ともみ主幹教諭（現在市内神埼小学校勤務）は、その成果を以下のように述べている。

西郷小を出て、何より実感するのは、「継続と徹底」と「共通理解・共通実践」の大切さであり、それがもたらす効果の大きさである。

○集中力・時間（三分）の感覚の定着

授業中、「自分の考えを書く」「友達と話し合う」等の学習活動の際、「○分」の指示に、ほぼ全員がその時間を十分に使い、活動を済ませることができる。取りかかりの早さと学習作業のスピード、与えられた時間を無駄なく使える集中力は、短時間で百ます計算や辞書引き、百ます作文等に取り組んできた成果だと感じる。

○聞く力の育ち

スキルタイムでは、教師は「できるだけ短い言葉で指示を出す」「指示を繰り返さない」等を約束にしている。そのため、児童も教師の指示を聞き逃さないように自然と集中して聞くようになる。授業中、「すぐ書く」「さっと立つ」「〇ページを開く」といった指示に対する反応が早いことや、別の活動への切り替えが早いこと等、細かいことではあるが、授業のテンポやリズムをつくるためには大切なことである。

〇基礎基本の定着

百ます計算による四則計算の定着によって、算数の自力解決に要する時間が短くなったと感じる。計算領域の学習において、四則計算でつまずきがあると、本時でねらうべき内容までたどり着かず、意欲をなくしてしまう児童も多い。しかし、基本的な計算がスムーズにできるので、本時のねらいとする学習内容に絞り込んで自力解決で考えたり、全体の練り合いで焦点化して話し合ったりすることができる。

音読では、腰に手をあて斜め上を見る姿勢で音読をさせる。真っ直ぐ立つことが難しい児童が多い中、両足でしっかり立ち、口をしっかり開けて張りのある声で発声することで、体幹が鍛えられているように思う。発表や授業中の音読の声がしっかり聞こえるのも、その成果であると思う。

また、新出漢字を早く習得できていることで、漢字の「読み」に抵抗がある児童が少ないと感じる。国語の新しい教材文もそうだが、社会や理科など他教科で、知らない漢字が出てきてもなんとか読もうとするのも、西郷小児童の特徴だと感じる。

このように教師側が成果を感じているように、スキルタイムを六年間経験した中学生もまた同様の声を寄せてくれた。（アンケート対象二五名　令和二年一〇月実施）

今回の回答者は、全員が「スキルタイムをやっていてよかった」と回答している。特に役立つと回答したのは、国語の暗唱や計算が多かった。記述には、

「教科書を読むのが速くなり役に立っている」

「朝から声を出すことで、集中力はとても上がったと思う」

「続ければ続けるほど成果がでる」

等、スキルタイムでねらったことを書いている生徒が複数いた。また、

「国語の授業で古文をしている時、小学校の時スキルタイムでその古文を覚えていた。私は必死になって覚えなくてよかった。小学生の時のスキルタイムに助けられたなと感じた」

「国語の暗唱で、一度小学校のスキルタイムで覚えたものは再び暗記をするのに時間がいらない」

と、暗唱の力を数年後に実感している生徒も多かった。百ます計算によるスピードアップや計算力そのものの向上に言及している生徒もいた。その時には感じていなかったであろうが、計算力の強化や古文・漢文のリズムにいつの間にか馴染んでいたことが下支えとなり、その後の学習を助けてくれていることが分かる。「学力＝集中力」と、常々陰山先生が言われること

を生徒自身も感じていることは、現在取り組んでいる者に自信を与えてくれるものである。
その言葉を裏付けるように、毎年実施される全国学習状況調査では、常時全国平均と同等もしくは上回る成果をあげ続けており、これもスキルタイムによる基礎学力の底上げができているからととらえている。

さらに、スキルタイムの効果は、職員の仕事全体にも波及していることを感じる。これは継続してきたからこそ得られた成果であり、「学校全体でやる」「どの学級もやる」「時間とやり方をそろえる」というスキルタイムの実践が、実は教師の力をつけること、共通理解・共通実践できる教師集団づくりにつながっていることを感じている。

スキルタイムのみならず、運動会や学習発表会の行事では、短時間で集中した指導が行われるため、無駄なことが少ないという特徴がある。また、職員会議等での職員の発言はテンポよく短いため、会議時間が短く、予定時間を超えるということがほとんどない。これは日頃から秒単位を意識して授業を行っている成果とも言える。児童だけでなく職員の言動からも分かるようにいつの間にか陰山メソッドが学校の文化となり息づいているようである。

五　継続していくコツ

本校が陰山メソッドを導入してから一〇年以上が経つ。ここまで継続できたのは、毎年「陰山メソッド担当」者を任命し、年度当初にスキルタイムのやり方の確認と経験者による伝達講習、その後、保護者対象授業参観において、全学級がスキルタイムを公開することを自らに課しているからだと考える。四月の最も多忙な時期にも関わらず、スキルタイムの核心をつかむための時間を全職員で共有し、絶えることなく実践してきたことがここまで継続できた一つの要因と考える。

　また、前述のとおり、毎年五月～六月に陰山先生を近隣の学校と協力して招聘し、スキルタイムの実践を実際に一人ひとり見ていただき、指導を受ける研修を行ってきた。それは、陰山先生から具体的に指摘を受け修正を図ったり、最新の情報をご教授いただいたりする貴重な時間となっている。今年度はコロナ感染防止のためオンライン研修会に切り替えたが、先生の指導を実際に受けることによる効用の大きさは計り知れない。

　そして、継続していく最大の鍵は、管理職の指導性にあることをこの二年間で痛感している。昨年度各地で出会った各地の教育委員会や校長先生方は、強くそして深く陰山先生の実践を理解し、粘り強く推進されている方々ばかりだった。

オンライン研修会

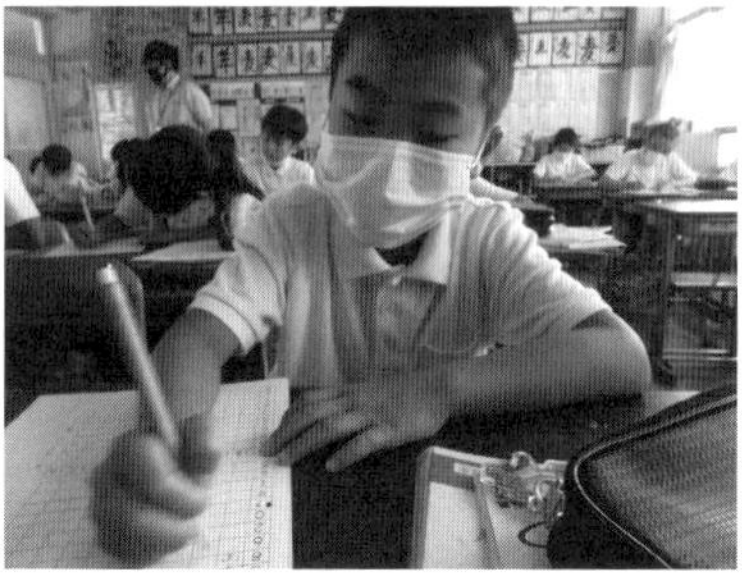

鉛筆シャープを使っています

そして、陰山メソッドが児童の学力のみならず、自律した精神や豊かな心まで生み出すことに気づかれ、信念をもってやり続けておられる姿に接する中で、今の西郷小学校でやれることは何かと、真剣に模索する時間ともなった。その後、教材の変更、超漢字前倒し学習の実施、漢字検定の導入、管理職も含めた全教員の指導体制の構築、鉛筆シャープの導入、「たったこれだけプリント」の活用等を職員に提案し、全校で取り組み、今に至っている。有難いことに、緩やかにだが確実に児童の中に定着しつつあるのを感じている。

六　結び

「西郷小学校にお世話になり一〇数年。我が子の義務教育はスキルタイムからと言っても過言ではありません。日々の積み重ねは間違いなく子どもたちのスキルアップだけでなく、生活面にも成果が表れていると思います。元気な挨拶、無言掃除、発表の場での生き生きとした姿と、メリハリのある学校生活を送る子どもたちを見て、親として誇らしく思います。これからの輝かしい未来へとつながる第一歩をいただいたと、このスキルタイムの導入に感謝しております」

これは菱岡智美現ＰＴＡ会長の言葉である。スキルタイムの大きな可能性を示唆している言葉だと受け止められる。児童に未来の選択肢の幅を拡げられたなら、教育者として本望である。

田代氏の熱い思いから始まった本校のスキルタイム。継続できたのは、一〇数年前の實松教育長の英断あってのこととの思いを強くする。また、連綿と続くこのスキルタイムを実践されてきた職員の方々の労苦に、深く敬意を表する次第である。

今回、実践を紹介する機会を与えてくださった陰山先生には、多大なる感謝の意を表するとともに、今後も実践を継続し、子どもたちの未来を拓く教育活動に邁進していく決意を記し、結びとしたい。

【文責】神埼市立西郷小学校　校長　田中裕子
【協力】神埼小学校　主幹教諭 近藤ともみ
西郷小学校　教頭　井上泰彦　教諭　笠原由紀子　岩永諒子

八　日本最南西端・石垣市の学力向上

元沖縄県石垣市教育委員会学校教育課　課長　﨑山　晃
沖縄県石垣市立石垣小学校　教諭　﨑山　美和

一　石垣市の地域・学校の実態

日本最南西端に位置する八重山諸島の中核をなす石垣市は、小学校二〇校、中学校九校（内、小中併置校が五校）で児童生徒数は約五千名です。学校規模は市街地の小学校七校、中学校三校のみが適正規模校で、残りは小規模校となっています。

県内でも歌の島、踊りの島と認識されていて、各小中学校においてもスポーツや芸能活動の盛んな地域です。しかしながら、二〇〇〇年を過ぎた頃から、地元県立高校から国立琉球大学への現役合格者が減少したことなどがあり、小中学校を含めた学力向上が叫ばれ始めていました。

二　陰山メソッドとの出会い

私は、中学校で生徒指導を担当してきた経験から、生徒たちが荒れるのは低学力による授業の理解不足、長い時間座っていることの苦痛、家庭における生活習慣の乱れ等々が関係していると感じていました。生徒指導主任として、それらを克服する手立てを模索していました。

そんな時、『本当の学力をつける本』『学力低下を克服する本』と出会い衝撃を受けました。読み書き計算の徹底反復による児童の驚異的な成長。早寝、早起き、朝ごはんによる生活習慣の改善。そこに学力の基礎を底上げし、児童生徒の落ち着きを取り戻す方策があると実感しました。

その後、石垣市教育委員会の指導主事となったこともあり、陰山先生に石垣島に来ていただき、市民対象に講演会を実施することができました。教職員の方々にとっても、陰山先生の山口小学校や土堂小学校での実践の成果は大きな参考と刺激になりました。そうした中で、沖縄県指定フロンティア研究校のＭ小学校で基礎計算と音読によるモジュール学習を取り入れた実践が、効果を見せ始めてきました。

●冠鷲プロジェクト

二〇〇七年度に初めて実施された全国学力・学習状況調査で沖縄県は最下位となり、県内マスコミでも大きく報道されました。その中でも、本市を含む八重山地区は県内最下位という現実を突きつけられました。市議会でも毎年のように学力向上のことが取り上げられ、喫緊の課題となりました。

二〇一一年度から、教育委員会の学校教育課長として学力向上に関わることになりました。学力向上に意欲を示すＴ教育長から、陰山メソッドを取り入れた学力向上事業をさらにパワーアップして、冠鷲プロジェクトとして取り組んでほしいと指示を受けました。そのための予算も大幅に増額して、授業改善のためのＩＴ機器の整備も図りました。市内全小中学校の全教室に、電子黒板と書画カメラ、デジタル教科書を配置しました。当時では県内随一のＩＴ整備でした。

そして、基礎学力の定着を図る取り組みとして、市街地の小学校で帯タイムを導入しました。百ます計算などの基礎計算と音読を中心とした一五分間の取り組みを週三回、朝の活動に入れました。

その中で、Ｈ小学校は大規模校でありながら、校長のリーダーシップのもと学校ぐるみで取り組み、大きな成果を表しました。

三　Ｈ校での実践

Ｈ校は、市街地の東側郊外に位置し、もともとは純農村地域でしたが、県営住宅や国家公務員、公社等の住宅、団地の建設により人口が増加し、都市計画により校区も拡大され、児童在籍数も増えました（当時の児童数五六二名、学級数二〇）。

教職員は、少数のベテランと、毎年初任者を受け入れていたこともあり、多くの若い先生方で構成されていました。そんな中、市教育委員会より学力向上推進校の指定を受け、学校全体でベクトルを一つにするための取り組みが求められました。そこで、児童一人ひとりの「生きる力」を育む基盤となる「基礎学力」の定着を図るため「朝の帯タイム」と「漢字前倒し学習」に学校ぐるみで取り組むことになりました。その時の実践を紹介します。

1　学びの土台となる基礎的な力の定着を図る取り組み

まず、児童一人ひとりに基礎的基本的な知識・技能を習得させるために、週四日（月・火・木・金曜日）の朝の時間を活用し、学校全体で音読・基礎計算・かるたやフラッシュ教材を取り入れた朝の帯時間を設定しました。

H校の朝の帯タイムは、通常の朝のドリルの時間や授業とは違い「ゆっくり・じっくり」指導による理解のための時間ではなく、「スピード・テンポ・タイミング」重視による短時間の集中的帯タイムとし、「子どもたちの脳を活性化させる」ために、読みと計算の反復学習を中心に、一〇分を音読、一〇分を百ます計算やわり算百問としました。また、全職員が共通理解して実践をするために次の四つのねらいに基づいて取り組みました。

(1) 朝の帯タイムを通して学習規律の確立をめざす。

(2)音読を繰り返し学習し、「読み」の力を定着させる。

(3)基礎計算（たし算・ひき算・かけ算のます計算・わり算ＡＢＣ）を繰り返し学習し基礎計算力をつける。

(4)月曜日は、各学年の学習内容に応じたかるたやフラッシュ教材を活用し、楽しみながら学ぶ。

２　生活環境を整えるための取り組み①

当たり前のことが当たり前にできる子どもを育てるために、まず、かさ立てやくつ箱の手本（写真）を提示し、自分のかさやくつ箱がきれいになっているか、常に見直しすることから始めました。上履きや外履きは、かかとの部分を揃えて奥までしっかりと入れることでかかとの部分が見えると半履きしていることがよく分かり見直せます。特に、学期はじめは具体的な手本を示して見直す時間をとることを大切にしました。

かさは、とり出しやすいように巻いて縛ってかけます。かさが整理できるように、ろう下の手摺りを活用した傘かけを職員が設置しました。

全員が教室に入った後、実際によい例と悪い例を見せながら比較して考えさせたり見直しさせたりする機会をもち、習慣化を図っていきました。

3　生活環境を整えるための取り組み例②

登校後、朝の時間にやるべきことを絵や文字で順番に示したり、提出物の入れ物を種類別に準備するなど、それを見て子どもたちが短時間で整理・整頓できる習慣づけに取り組みました。低学年はイラストや写真で、中学年はイラストと文字で掲示しました。

4　生活環境を整えるための取り組み例③

教室を落ち着いた学習環境にするために、教室後方の棚の活用の仕方を工夫し、置く場所をはっきりと決めました。ぞうきんやふきん、清掃用具に関しても同じです。

まず、教室後方の棚はランドセルと鍵盤ハーモニカの置き場所、横の棚は習字・絵の具セット等、はっきり決めることで整理・整頓ができるようにしていきました。

また、石垣島は一年を通して暑い日が多いので、紅白帽はとりやすく、汗がかわきやすいようにかけること、ぞうきんとふきんは、分けてとりやすく美しいように二

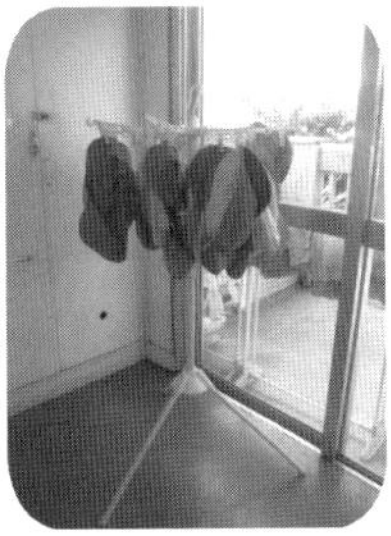

つ折りにしてかけることなど、学年の実態に応じて工夫し、年間を通して整理整頓ができるようにしていきました。

５　学習習慣（規律）を確立するための指導①

姿勢・立ち方・手の挙げ方・返事を繰り返し指導し、落ち着いた学習態度を身につけさせる基礎学力のアップもめざしました。

　できるだけ静かな立ち方の手本を示し、椅子の前方に座ることで両足が床にしっかりつくことや背中もピンと伸びること。返事は明るく高い声ですることなどを意識させ、相手とよい関係を築くことは、自分自身も元気になることを子どもたちに実感させながら継続指導に取り組みました。

６　基礎学力定着のための取り組み（音読）①

音読は、まず、静かに立ってウォーミングアップし、「今月の詩」を音読することから始まります。次に、美しい口の開け方を意識し言葉を大切にしながら、国語の教材文を音読します。追い読み、一斉読み、交互読みなどのバリエーションを取り入れながら、すらすら音読ができるまで取り組みました。すると、声を出すことが苦手だった子が口を開けて音読できるようになったり、教材文の音読に早めに取り組めることで授業の流れがスムーズになったりするなどの変容も見られました。

　教材文のすらすら読みが国語力の向上力につながるだけでなく、声に出して市町村や都道府県覚えができたり、滑舌や声の出し方を合唱指導に活かしたりするなど、他教科へも波及してきたことも大きな変容でした。少しずつ日々の短時間集中の積み重ねが学校行事に活かされ、声をそろえることで心が一つになることを実感できました。

　しかし、実践していく中でさせっぱなしだとマンネリ化したことから、自分の頑張りや伸びを確認できる取り組みとして毎月末には自分の頑張りをためす全校五六二名の力だめし「音読検定日」を設定し実施しました。すると、一人ひとりがめあてをもって意欲的にチャレンジするようになるという改善につながっていきました。

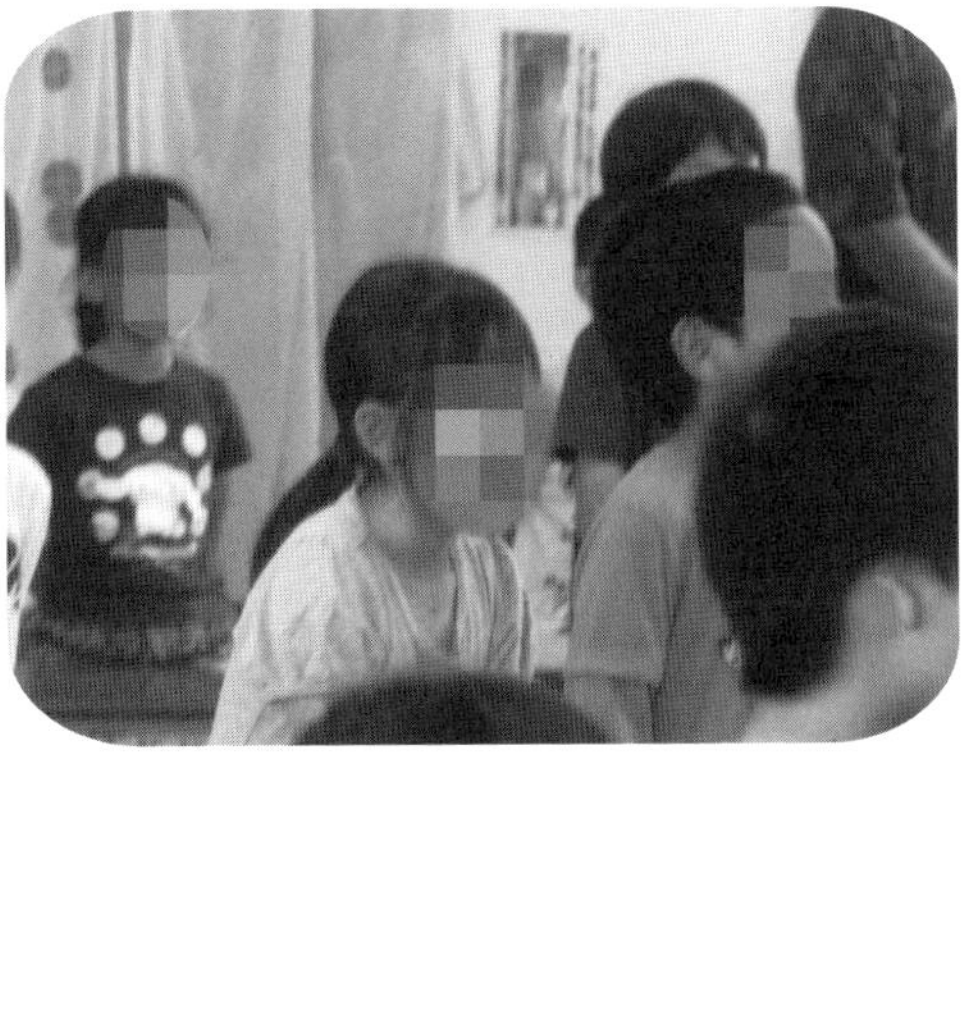

7　基礎学力定着のための取り組み（基礎計算）②

低学年では、「10の合成分解」を徹底し、ドットカードや数のなかよし表を使い、しっかりマスターさせることで計算力の基礎づくりに取り組みました。

中・高学年では、百ます計算（＋・－・×）や穴あき九九、あまりのあるわり算などを中心に、教科の単元に合わせた計画で取り組みました。

「はじめ」の合図で計算にとりかかり、終了後は各自の時間を記録することで自分の伸びを確認させて次への意欲につなげました。同じ問題を二～三週間繰り返すことでタイムも速くなり正確に解く子が増えていきました。また、計算の結果（タイム及び得点）を一覧に記録することで自分の伸び具合を意識して取り組むようになり、毎月末の校内計算検定に向け、目標をもって頑張る子が増え、達成感や自信につながってきました。また、教科の単元に合わせたフラッシュ教材も効果的で学習をスムーズに進めることができてきました。

当時の六年生の基礎計算の記録です。

百ますたし算

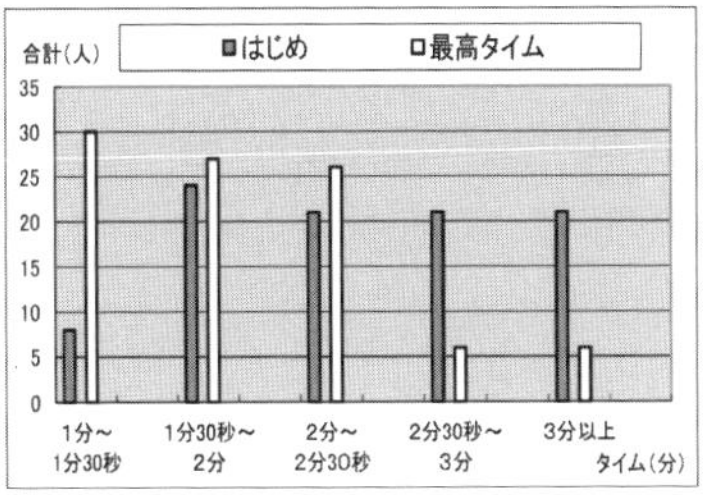

百ますひき算

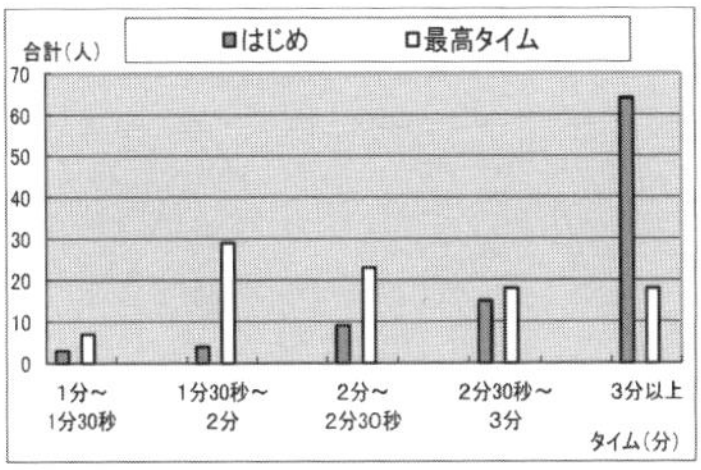

百ますかけ算

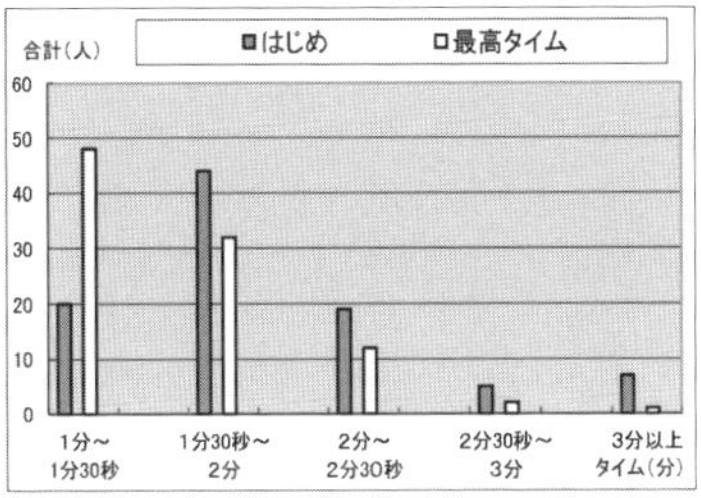

わり算百問あまりなし

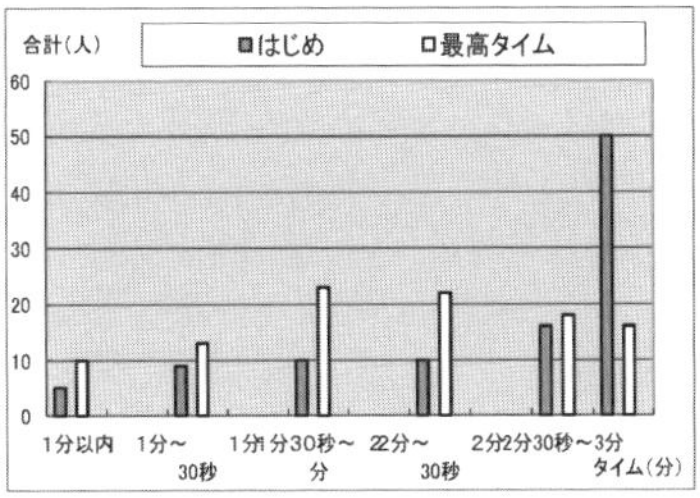

8　漢字前倒し学習の取り組み

「四月の間、国語科の授業のほぼすべてを漢字学習に充て、その四五分の授業でスキルを使い、読み（音読）や部首や筆順を確認しながら一〇～一五の漢字を教えていくことを毎日繰り返しながらその学年で学習する漢字を五月の連休までにすべて教えてしまう」という陰山実践「漢字前倒し学習法」を知った時、かなりの衝撃を受けました。

このような実践が本当にできるのか？いささか疑問もありましたが、実践本を読んでいるうちに個人的にだんだん興味をもつようになり、自分の学級・学年で即実践してみました。すると意外にも子どもたちは楽しそうに声を出しながら授業の流れに沿って漢字を学習していきました。

その時の学級でのちょっとした話です。「連休明けのおためしテストでの満点は厳しいと思うけれど、まずは勉強してきてね」と言った担任の私に、普段から元気者で運動も勉強もやる気いっぱいの男の子が「先生、おれ、絶対百点とりたいから勉強する」と言うと、「満点は今じゃなくて十二月から二月ぐらいまでだよ、だからできるところまでやったらいいよ」というやり取りをしながら担任の私は、さすがにこればっかりは…という思いで軽く聞いていました。

ところが、連休明けに行ったおためしテストでその男の子が満点をとったのです。本当にびっくりしました。後日、お家の方に聞くと「何か勉強していたのはこのことだったんですね」という返事が返ってきました。このことが漢字前倒し実践の始まりです。翌年、職員からこの漢字前倒し学習をやってみたいとの声があり、全校一斉への取り組みが始まりました。

一年目は、一・二年生は二学期からの実施、三・四年生は前半と後半に分けての実施、五・

六年は全漢字を四月に実施しました。実践の結果、五月の連休明けの段階で習得率は二〜三割前後でしたが、教師自身がその段階でその学年の全漢字を三割覚えているということはすごいことだと捉えることができることも実践をして新たに気づかされたことでした。

一学期末までに五割、夏休み明けの二学期初めは六割、年度末には八割を超える効果が見られるようになってきました。その時は継続することでもっと変容があるという個人的な期待と思いが先走っていたように思います。翌年は、教職員の異動などから担任も半分以上が入れ替わり、漢字前倒しはとても不安という声もありましたが、子どもたちの変容が一番大事ということで、その当時の校長先生の後押しや前年度実践した職員の賛同もあり、朝の帯タイムの音読、基礎計算と連動させ、漢字力をつけるための漢字前倒し学習の取り組み二年目の実践となりました。

子どもの事実を見て粘り強く繰り返し指導することが、教師も子どもも変容することにつながり、漢字前倒し学習をする意味があるのだと思いました。

まず、どの学年でも新出漢字を丁寧に確実に書くことができるように一斉指導の手順を作成し、共通確認しながら指導しました。

①使う教材は全漢字練習
②書き順（空書き・指書き・なぞり書き）

③読み方（音・訓）熟語
④読み方や書き順を唱えながら何度も書いて定着
⑤姿勢を意識しながら、全員同じ速さで一字ずつ書き進める
⑥四月の漢字前倒し学習終了後は、毎日の宿題として漢字ノートに繰り返し書く練習

⑦五月・九月・一月に「全漢字おためし検定」、七月、一二月、三月に「校内漢字検定」を全校一斉に行い、その結果で自分の伸びを確かめ次へのステップにしました。

次のページのグラフは、当時の漢字前倒し学習の七月と一二月の各学年の記録です。

一・二・三年生は、漢字前倒し学習後、毎日の宿題として書くことを繰り返し行ってきた結果、七月に比べ一二月は大きな伸びがみられ、一二月の校内漢字検定では九〇～一〇〇％に到達している児童が増えました。前倒しも二年目となり確かな漢字力につながってきました。

四・五・六年生は、七月に比べ一二月は九〇～一〇〇％に到達している児童が倍に増えました。特に、六学年全体として到達率が六〇％以下の子がおらず、大きな伸びがみられました。また、漢字の繰り返し練習で子どもたちの意識が変わり、確かな力になってきています。課題としては、到達率が〇～三〇％の子がいる学年もあり、個別指導や学年に応じた練習内容の工夫も出されました。

はじめのいっぽ　1年生

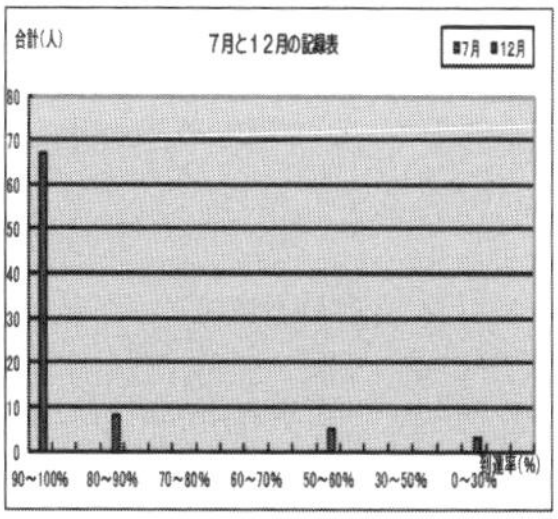

こんなことができる　2年生

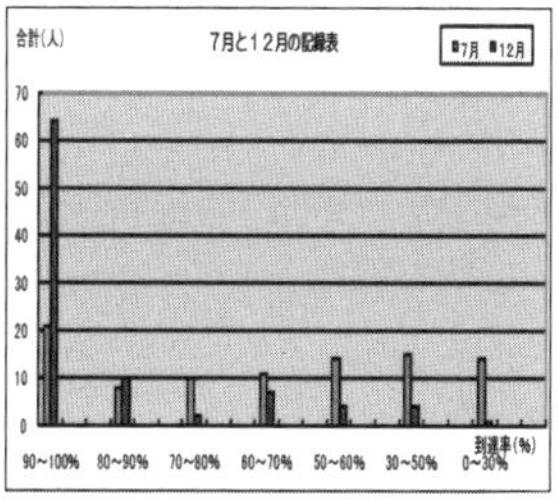

分岐点を乗り越える　3年生

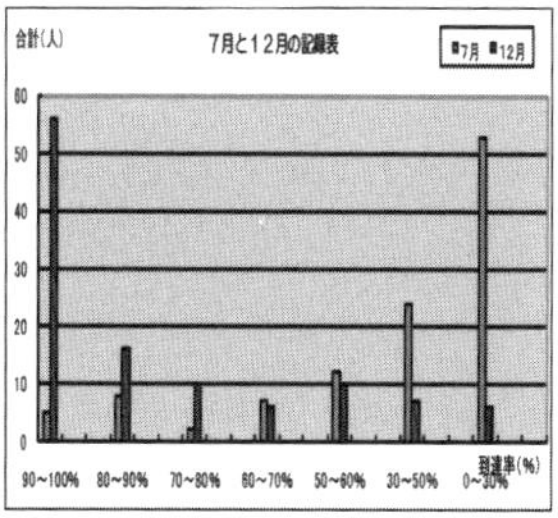

「十才の壁」を乗り越える　4年生

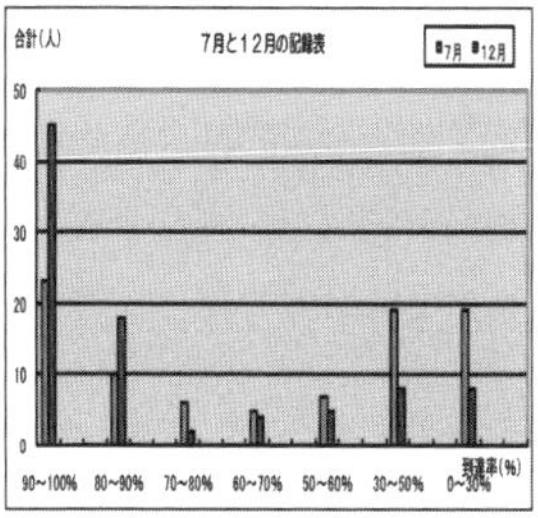

個々の力が伸ばせる　5年生

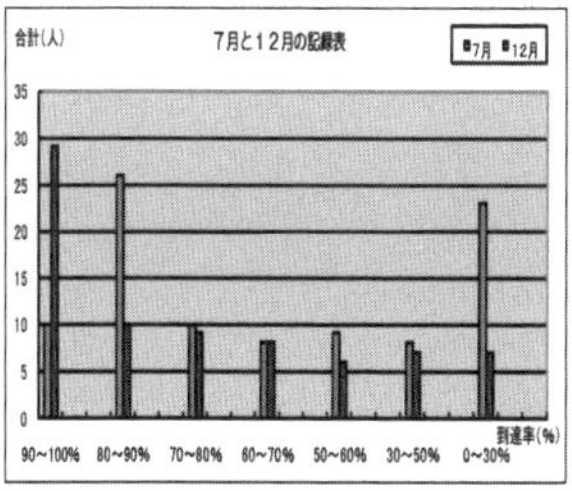

自信と希望がもてる　6年生

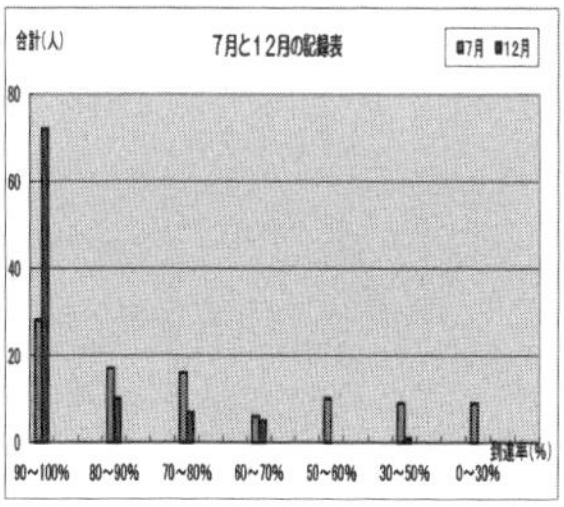

帯タイムアンケート　子どもの声より

楽しい理由

・大きな口を開けて思いっきり声を出すと気持ちいい。
・早読みにチャレンジできるから。
・詩をよむのがおもしろい。
・手でリズムをとるのが楽しい。
・ベロだしが楽しいしすっきりする。
・音読をした後、勉強する時にねむ気がなくなるから。
・ます計算で記録にチャレンジし、記録更新できるから。
・いろいろな計算ができて楽しい。
・みんなで成長しているような気がする。
・日々成長を実感できる。

楽しくない理由

・「あいうえお」の動作をつけるのが苦手。
・声を出すのが好きじゃないから。
・立つのがきついし、計算が面倒。
・読んだり計算したりするのが難しい。
・計算がきらい、音読がきらい。
・簡単すぎて面白くない。
・同じところを間違えたり遅れたりするからいやだ。
・朝はだるい、朝はきつい。
・読書したい。

帯タイムアンケート　子どもの声より

帯タイムでためになったことは何ですか。

・教科書の内容がすらすら読めるようになった。音読に自信がついた。
・音読がもっと好きになった。
・部首が分かりやすく覚えられる。
・発音がよくなった。
・人前で大きな声が出せるようになった。
・自分の言いたいことや発表ができるようになった。
・計算が得意になった。暗算ができるようになってきた。
・授業が分かるようになった。算数が得意になった。
・朝から目覚めて頑張る気持ちになる。

帯タイムの感想

・帯タイム後は、頭がすっきりするから楽しいし心が気持ちいい。
・ねむ気がとれるからいいし気持ちよく勉強がスタートできる。
・計算も速くなって音読も上手くなるからうれしい
・ます計算のタイムが昨日より速くなっているかドキドキして楽しい。
・授業に役立っていい。もっとやりたい。
・グラフで自分の成長が実感できるから楽しいし先生にほめられると嬉しい。
・難しい計算に挑戦したい。
・時々気分転換になるものをしてほしい。

四　まとめ

①生活規律確立のために、学校の実態にあったいろいろなやり方を出し合って学校ぐるみで取り組むことが大切です。そのためには、まず、全校的にけじめのある生活態度の涵養を図ることです。その手法として、具体化、視覚化、簡素化して指導することで効果も高くなります。

②朝の帯タイム（音読・基礎計算・フラッシュ）を本格的に取り入れて三年目、漢字前倒し学習を取り入れて二年目、その成果は確実に出ています。そのキーワードは、「学校ぐるみで、みんなで取り組むから子どもに力がついてくる」ことです。

③朝の帯タイムや漢字前倒し学習の継続指導と、より一層の工夫・検討をしながら各教科の基礎力に波及していく継続実践をめざすことです。

おわりに

陰山英男

約三〇年前、低い学力の子どもを知りうる限り、また、調べられる限りのすべての方法を尽くして伸ばそうとしていた時がありました。でも現実は厳しく、その努力は無駄なもので、子どもも一生懸命やったはずなのに伸びませんでした。

一生懸命やって伸びなかったということは、自分をだめだと思い込ませるのに等しいことです。正しいとは言えない努力がいかに残酷なものか、それを子どもに強いてしまったことを私は深く悔やみました。その時、「子どもの頭を切り開き、脳を換えるしかない」などと、狂ったことを絶望とともに感じていました。

それでも子どもを伸ばしたい、なんとか前に進みたい。そんなとき、百ます計算で伸びた子どもの表情が、前向きな表情に変わっていたのを思い出したのです。脳を「換える」、それは当然できない。でも練習により脳を「変える」ことはできるのではないか、と。

メソッドが進化していくのはいつも予想と常識から外れたことがきっかけになっていました。忙しくて百ます計算のプリントを印刷する時間がなくなり、一つのプリントを大量印刷して徹底的に繰り返す。そんな百ます計算が速くなっても意味がないと思っていたのに、子どもは筆算などの計算力が短期間に向上していたのです。

　四年生で学習する「一つの花」、徹底して音読を練習させていたら、なんと物語全文を暗唱した子が出てきました。その男の子は成績優秀ではなく、最も国語を苦手とする子でした。苦手だから繰り返す、そのうちに全文暗唱を彼は真っ先に終えてしまったのでした。

　一年分の漢字を一気に教えてしまい、その二〇〇文字を同じプリントで繰り返す。そして冬休み明けにテストをすると二〇〇文字のテストの最低点はなんと八〇点でした。たった一〇問二〇問でも三〇点しか取れなかったのが、いきなり二〇〇問で八〇点だったのです。

　六年生の社会科は、覚えるべきことをプリントにまとめると一年分がわずか七枚でした。そのプリントを徹底反復すると、年度末には全国平均を下回る子が一人もいなくなりました。

　今や陰山メソッドは私の学級から手を離れ、福岡県飯塚市、田川市、岡山県、新潟県、高知県や宮崎県などの地域や学校に飛び火し、予想と常識を裏切る向上が連続して起きています。一人ではなし得なかったことが地域実践によって広がり、新たな教育を創造していったのです。

　徹底反復学習は今、集中速習という形に進化し、基礎力の向上と予習により、短時間高速の学習の方が子どもを伸ばす、ということが分かってきました。

　一つの実践が学校のものとなり、地域のものとなり、ここまで実践を進化させてくださった多くの学校関係者や地域保護者の方に感謝しています。とりわけ間もなく廃校となる土堂小学校、ならびに地域採択を真っ先に決めていただいた飯塚市には、私は実践に命を与えていただいたと深く感謝をしています。そして、この本で語られた実践はまだ通過点です。日本の社会に停滞と閉塞感が漂う中、次世代を担う子どもたちのたくましい成長のモデルがここにあります。今後とも皆さんと連携し、メソッドのさらなる進化と子どもの成長を促すためにともに奮闘していきたいと決意しています。

本書は、中村堂の中村宏隆さんの多大なる応援によってできました。この場を借りて深く感謝申し上げます。ありがとうございました。

二〇二〇年一〇月二六日

●編著者紹介

陰山英男（かげやま・ひでお）

1958年兵庫県生まれ。兵庫県朝来町（現朝来市）立山口小学校在職当時、百ます計算やインターネットの活用等により学力向上の成果を上げる。2000年10月にNHKテレビ「クローズアップ現代『学校は勉強するところだ　～ある公立小学校の試み～』」で取り上げられ、大きな反響を呼ぶ。公募により2003年4月から広島県尾道市立土堂小学校の校長に就任。以降、「基礎・基本の徹底」と「早寝・早起き・朝ごはん」に代表される生活習慣の改善による学力向上運動に取り組む。2006年4月から立命館大学教育開発推進機構教授。2017年3月に退職後、教育クリエイターとして活躍中。全国各地で学力向上アドバイザーを務める。一般財団法人基礎力財団理事長。NPO法人日本教育再興連盟代表理事。徹底反復研究会代表。

※第一章の鼎談者、および第三章、第四章の著者名・肩書きは、それぞれの原稿に記載してあります。

※いずれの肩書き等も2020年11月1日現在のものです。

子どもの未来を広げた学校　陰山メソッド実践集

2020年12月１日　第１刷発行

編　著／陰山英男
発行者／中村宏隆
発行所／株式会社　中村堂
〒104-0043　東京都中央区湊3-11-7
湊92ビル 4F
Tel.03-5244-9939　Fax.03-5244-9938
ホームページ　http://www.nakadoh.com

印刷・製本／新日本印刷株式会社

ISBN978-4-907571-69-6